岭南中医药文库·产业系列

中一之路

——广州中一药业有限公司发展史

主 编 吴长海

广东省出版集团

广东科技出版社

·广州·

图书在版编目（CIP）数据

中一之路：广州中一药业有限公司发展史/吴长海主编. —广州：广东科技出版社，2010.7
（岭南中医药文库. 产业系列）
ISBN 978 - 7 - 5359 - 5260 - 8

Ⅰ. ①中… Ⅱ. ①吴… Ⅲ. ①制药厂—经济史—广州市 Ⅳ. ①F426.7

中国版本图书馆 CIP 数据核字（2010）第 055470 号

责任编辑：苏北建
封面设计：丁青云　李　宏
责任校对：雪　心
责任印制：严建伟
出版发行：广东科技出版社
　　　　　（广州市环市东路水荫路 11 号　邮码：510075）
E - mail：gdkjzbb@21cn. com
http：//www. gdstp. com. cn
经　　销：广东新华发行集团股份有限公司
印　　刷：广东新华印刷有限公司
　　　　　（佛山市南海区盐步河东中心路 23 号　邮码：528247）
规　　格：889mm×1 194mm　1/32　印张 9　字数 200 千
版　　次：2010 年 7 月第 1 版
　　　　　2010 年 7 月第 1 次印刷
定　　价：32. 50 元

如发现因印装质量问题影响阅读，请与承印厂联系调换。

内 容 提 要

中医药文化的传承和中医药产业的发展壮大，一直是近年来的热门话题。其中，对一些优秀中药企业进行分门别类的个案研究也在不断升温。在这种大背景下，本书所跟踪、调研的广州中一药业有限公司，无疑为之提供了一个经典案例。

如果说广州中一药业曾有的辉煌在于其悠久的历史——历经348年，先后有46家老字号药业合并、整合，并在改革以后迎来整体腾飞，那么，确立中一药业在现代中药发展史上地位的，则是其一流的科技、管理、质量和营销。在科技方面，本书以"消渴丸"领阵的中一强势产品群为例进行详述。消渴丸这一全国口服糖尿病治疗药物第一品牌，其本身就是中西药结合的现代科技产物。而对科研的不断追求，又使得其在技术进步上不断更新，最先引

1

入国际通行的循证医学研究方式，并进入"863 计划"等国际顶级科研视野。

另一看点是质量。对质量控制的精益求精，中一药业在华南甚至在全国同行中都有口皆碑。有外宾和领导要来广州看药业、看管理，这里总是必到之地。国家食品药品监督管理局局长邵明立在考察了其质量管理后，曾感慨地表示"以后还要带外宾来参观"。

营销探索和品牌树立，中一药业自辟蹊径，一如其温和、敦厚的中医药文化。强调实效，不哗众取宠。如花一年半时间在全国开展健康新长征活动，在全国各地建立健康服务站，开展医药环保行动；从体育营销到社会责任，从医院领域到零售通道……这一切都绵里藏针，渗透性强、可持续性强。这些与其注重内功的科技发展理念相辅相成，相得益彰，从而最终构筑起底蕴深厚的中一药业发展之路。

《中一之路——广州中一药业有限公司发展史》编委会

主　　编　吴长海

副 主 编　汪令来　陈　斌　梁生旺

编　　委　（按姓氏笔画排序）

王立福　申　剑　邢少文　吴长海

汪令来　陈　斌　陈创然　陈国东

赵思瀚　周丽华　沓仁芝　钟焕桦

梁生旺　黄从强　黎燕芬　霍务贞

序

岭南，在传统上是指越城、大庾、骑田、都庞、萌渚五岭以南的地区。这个地区的地理和人文环境富有特色，是我国地域文化中的重要分支。广东是岭南地区的核心地域，近代以来社会经济和科技文化发展均走在地区的前列。在这里，传统中医药以独特的作用深得人们信赖，一直呈现生机勃勃的局面。

2006年以来，广东省委、省政府先后出台了多个促进广东中医药发展的重要文件，提出要将广东从"中医药大省"建设成为"中医药强省"，这无疑为广东中医药的腾飞增添了巨大的推动力。其中，《岭南中医药文库》（以下简称《文库》）的出版就是一项具体的措施。遵《文库》编委会之嘱作序，略述感言如下。

从中国文化发源来看，中国文化的主流发源于中原一带。中医药学是从中原传入岭南的。晋代有葛洪、支法存、仰道人等活跃于广东，唐代开始有李暄《岭南脚气论》等以岭南为名的方书，可见医学与岭南挂钩，岭南医学成为中医药学科的一个分支，为时至少已有千多年了。

晋唐时期，岭南的中医学就已经体现出自身的特色，例如在研究当时流行的脚弱病（脚气病、维生素 B_1 缺乏症）方面成果突出。唐代《千金要方》卷七论风毒状第一："论曰，考诸经方往往有脚弱之论，而古人少有此疾，自永嘉南渡，衣缨仕人多有遭者，岭表江东有支法存、仰道人等，并留意经方，偏善斯术，晋朝仕望多获全济，莫不由此二公。"可见岭南医学善于创新。另外，从《千金要方》、《外台秘要》、《肘后备急方》等书中还可见葛洪、支法存等对蛊毒、沙虱热（恙虫病）、疟疾、丝虫、姜片虫等传染病有不少治疗方药，对岭南热带地区传染病的研究成就亦较为突出。这些成就不是由中原带来，而是吸取多地民间医药精华，加以总结得之。

宋代开始，岭南医学界人才辈出。先有陈昭遇，开宝初年至京师为医官。陈昭遇与王怀隐等3人历时11年编成《太平圣惠方》；又与刘翰、马志等9人编成《开宝新详定本草》20卷。绍兴年间（1137），潮阳人刘昉著的《幼幼新书》为岭南儿科学的发展奠定了良好的基础。可见宋代岭南已有国家级的医家出现。元代释继洪撰《岭南卫生方》，其中就收录了不少宋代医家的经验方，标志着具有岭南特色的方药学已初步形成。

明清时期是岭南中医学大发展的年代。明代，有丘濬、盛端明等有名望的医家出现；还有浙江人王纶所著的《明医杂著》，是其在广东布政司任内完成的；一代名医张景岳的《景岳全书》，亦是在粤地一再印行方传世。上述著作对岭南医学的影响很大。清代，对全国有较大影响的医家何梦瑶，被誉为"南海明珠"；儋州罗汝兰著《鼠疫汇编》，丰富了对急性传染病的诊治经验；清末，西洋医学传入我国，岭南首当其冲，出现了朱沛文等主张中西汇通之医家。岭南医学的中医小儿科继续取得突出成就，在清代中期刊行了罗浮山人陈复正的《幼幼集成》后，清末又有程康甫著《儿科秘要》，由博返约，把儿科证候概括为八门（风热、急惊风、慢惊风、慢脾风、脾虚、疳积、燥火、咳嗽）；治法约以六字（平肝、补脾、泻心），举一反三，给人以极大的启发。民国时期儿科名医杨鹤龄继承程氏学说，著《儿科经验述要》。杨氏在育婴堂从17岁起独立主诊病婴，每天巡视、处理危重病婴数次，故育婴堂可称儿童医院之雏形。他积累了丰富的治疗危重病儿的经验，后来自己开业，日诊两三百人。西医张公让曾不断观察其诊证，亦深为佩服其医术之精也！

而广东草药在清代至民国时期也得到很好的整理，名作有何克谏的《生草药性备要》、《增补食物本草备考》和萧步丹的《岭南采药录》等，为中药材增加不少岭南草药品种。

上述可见，岭南医学至清代挟其岭南之特色已达相当高的水平。光绪三十二年（1906）广州就有医学求益社之成立，相当于今天的医学会，以文会友，每月一次。被评得第一名者，发表论文于报端。上月头名即为下一届论文的主审员，无形中开展学术之竞争。后继者有广州医学卫生社。但岭南医学之发展达到高峰则是在民国时期后，主要是在医学教育培养人才方面成绩突出。民国时期，学校教育开始举办，著名的有广东中医药专门学校与广东光汉中医专门学校，均为岭南中医学界培养了许多人才。虽然民国时期受国民党政府消灭中医的压迫，但岭南医学学术仍然日益繁荣，影响至香港和东南亚一带。中医药为岭南人民健康事业立下了不朽的功勋。

回顾岭南医学发展的脉络，晋代中原移民带来的先进医术与岭南地区医药相结合；宋代以后，长江流域的医药学术带入岭南，又促进岭南医药学的发展，加上自身的成就，岭南医药学成为有浓郁的岭南特色的医药学派。历史同时也表明，医药事业与地区社会经济发展状况紧密相关。当代广东改革开放已先行多年，经济文化各方面都打下了厚实的基础，在有力的政策推动下，聚集人才。可以寄望今后，岭南中医药学必将产生飞跃式的发展，实现中医药强省的目标。

二

研究地方医药学，其实也是为中医药学事业整体作贡献。自1977年美国恩格尔教授提出医学模式理论以来，西方医学正在由"生物医学模式"向"生物—心理—社会"医学模式转变。其实我国传统医学一开始就重视心理因素、环境因素，中医药学研究还不能脱离地理环境、社会环境、个人体质、时间因素，故应该因时、因地、因人制宜地去研究疾病预防和治疗。

对于环境与人类社会的关系，古今中外都有过各种讨论。我国伟大的历史学家司马迁，在《史记》中分别论述了4个主要经济区域与人的性格和社会风俗的关系。西方的亚里士多德也将地理环境与政治制度相联系，认为地理位置、气候、土壤等影响个别民族特征与社会性质。德国哲学家黑格尔的《历史哲学》也将地理环境看做是精神的舞台，认为是历史的"主要的而且必要的基础"，不同的环境会有不同的历史进程。至于自然科学，虽然研究的是事物普遍的客观规律，但科学也具有社会性的一面，客观规律在实际应用中总是有着对特定时间、地点与人群的针对性，不同地区的客观条件也对科学实践与发展有不同程度的影响。

医学既属于自然科学，又具有很强的社会性。医学技术的基本规律是一致的，但其实际应用必须考虑到个体的特点。中医自古以来就深刻地认识到这一点，注意地理环境、气候与人的体质对疾病和医药的影响，提出了"因时制宜、因地制宜、因人制宜"的原则。唐代《千金要方》指出："凡用药，皆随土地所宜，江南岭表，其地暑湿，其人肌肤薄脆，腠理开疏，用药轻省，关中河北，土地刚燥，其人皮肤坚硬，腠理闭塞，用药重复。"就是具体的例子。

我国幅员辽阔，由于地理环境的差异和历史上开发的先后，各个地区医学发展水平不一。而每一个地区医学水平的提高，往往也充实了中医药学理论的实际内涵。元代朱丹溪对南方人体质和疾病的认识，就很好地补充了此前以北方经验为主的医疗知识。明清时期江南瘟疫流行，又促使了温病学派的形成。岭南地区的气候、地理环境和疾病谱也有特殊性，药材资源又相当丰富，若加以认真研究，完全有可能产生创新性理论。每一个地区中医药特点的形成，必然是对传统医学理论的继承性与实际运用的创造性相结合的结果。小的突破，至少丰富了中医临床的风格，增加了地方性的应用经验；大的突破，有可能形成新学说，带来整体性的变革。所以，研究地方医药学，其意义同样是相当深远的。

现代中医药研究，必须坚持以临床为出发点。近代岭南有许多临床水平出众的名医，饮誉国内外。现代岭南中医药发展应继承这一良好传统，抓好临床学术的传承。建设中医药强省的文件中很重视对名医学术的整理和对基层中医的培训，是十分有远见的。本套《文库》也注重对当代名中医学术经验的整理，这种整理就是学术传承的一种方式，并可为更多临床中医提供参考。

另外，岭南中医药的发展也应加强理论的研究。岭南医学发展历程如果横向比较，有全国影响或有重大突破的中医学理论著作还是不多的。这也许与以前岭南远离北方的传统政治文化中心有关。但在学术交流频繁、信息渠道通畅的今天，要想中医药理论有大的发展，关键还是要加强研究，提高水平，要对临床经验进行凝练和升华，对中医药理论进行务实的思考。近年，我们提出的"五脏相关学说"就在全国引起较大的反响，并被纳入国家"973计划"中医药理论基础研究专项。在处于思想解放前沿的广东，完全应该迈出更大的步伐，促进中医药理论的现代化。

现代中医药的研究，又完全可以应用最新科学技术。葛洪《肘后备急方》记载的青蒿治疗疟疾，经过多年的不断研究实践，目前已发展成为世界最先进的抗疟新药。中医药治疗艾滋病、SARS，在临床有效的基础上，对其机制的深入研究有助于阐明其科学原理。但这种研究必须坚持中医药学主体性和中医药理论的主导性。

同样，现代中医药的发展也离不开产业的支持。广东中药产业有着非常好的基础，中药的种植和中成药的生产销售成为许多地方的支柱产业之一。正像民国时期创立广东中医药专门学校的前辈所说："中国天然之药产，岁值万万（现在已远不止此数了），民生国课，多给于斯。"产业的发展既带动了地方经济，又为中医药的研究提供了良好的条件。研究中医药产业的发展策略，也是重要的课题。

《文库》囊括了前述各方面。这些学术、临床、科研及产业等的成果和经验得以系统整理出版，是岭南中医药界的盛事。岭南先贤梁启超先生诗云："世纪开新幕，风潮集远洋。"相信《文库》能以海纳百川的气魄，汇集新知，刊布精义，成为 21 世纪岭南中医药腾飞的基石！是为序。

邓铁涛

2008 年 4 月

前　言

　　中药产业系列丛书是《岭南中医药文库》板块之一，是广东建设中医药强省的重大文化工程，由广东药学院和广东省食品药品监督管理局负责，组织数百人，充分调研，深入挖掘，精心策划，依据丰富的档案史料编纂而成的一套具有标志性意义，集中反映广东中药产业发展历史和水平的系列丛书。

　　广东中药产业历史悠久，中成药生产有1 300多年历史。早在东晋时代，海幅禅院制造的金汁水是岭南中成药的原始产品。明万历元年（1573），佛山梁仲弘蜡丸馆的创立标志着岭南药业正式诞生。明清时期涌现了前店后作坊形式的药铺，有些发展成为了今天的药厂，其中200年以上历史的药铺如陈李济药铺（1600）、冯了性药铺（1659）、黄中璜药铺（1662）、保滋堂药铺

（1669）、敬修堂药铺（1790）、采芝林药铺（1806）。新中国成立后，逐渐形成了独立的、较为完整的中成药工业体系，特别是改革开放以来，广东中成药工业发展迅猛。2006 年，广东省委、省政府作出"建设中医药强省"的决定，广东中药产业继续保持增长态势，中成药产量近 12 万吨，占全国 13%，名列全国第一，广东已成为名符其实的中药大省。为充分挖掘广东中药产业的企业文化内涵，扩大企业影响力，促进广东中药产业的可持续发展，我们组织编纂了《岭南中医药文库·产业系列》丛书，这对提升广东中医药产业的地位和水平具有现实和深远的意义。

本丛书内容真实可靠、图文并茂，具可读性、趣味性和参考性，既紧扣岭南传统中医药特色，又兼具新兴中药产业的代表性。该系列组织了 11 家广东知名品牌中医药企业：广州中一药业有限公司、广州王老吉药业股份有限公司、广州潘高寿药业股份有限公司、广州白云山和记黄埔中药有限公司、广州陈李济药厂、康美药业股份有限公司、广州敬修堂（药业）股份有限公司、佛山冯了性药业有限公司、广东一方制药有限公司、广州采芝林药业有限公司、佛山德众药业有限公司，每家企业自成书稿 1 部。这些中药企业中，有历经百年、基业常青的中华老字号，也有近年诞生崛起的药业新秀。它们独特的品牌优势、卓越的产品质量、严谨的科研态度、科学的现代管理、不懈的创新精神、准确的市场定位、有效的营销推广、顾客至上的服务理念以及清晰前瞻的发展思路渗透在每本书的字里行间。读者在研读中将得到享受和启迪，掩卷萦思，回味无穷，收益良多。

丛书编写工作量较大，前后历经近 10 次会议交流、讨论和修改，特别是材料收集筛选方面，有些企业发展历史悠久，历史资料有所失散或断层，这些都给编写带来很大难度。由于编写时间紧迫，难免出现错误和不妥之处，欢迎各位同行和广大读者提出宝贵意见和建议。

朱家勇

2010 年 2 月

编 者 的 话

在中华民族繁衍传承的漫漫历史长河中，中医药的发展堪称一朵奇葩，其既是我国传统文化的一个重要代表，又是济助苍生的一项实用科学。如果你对中医药发展的历史和现状感兴趣，那么，拥有348年历史的广州中一药业股份有限公司（简称中一药业）的发展之路，将是一个很好的样本。

中一药业，足以称为我国中药老字号，特别是岭南中药老字号发展的"活化石"——几乎浓缩了我国中药老字号所能经历的一切：从前店后作坊形式的药铺，到经过民族产业风风雨雨的合并、兼并，再到新中国成立后的公私合营，转换机制，46家老字号中药企业前后历经46次合并，最后是改革开放以后的整体腾飞、跨越式发展，一直到今天成为广东"建设中医药

1

强省"的龙头企业之一。

在我国，但凡中药老字号仍能够延续至今并生机勃勃的，无一例外都拥有强势品牌或产品，中一药业同样如此。时至今日，人们提起中一药业，最津津乐道的，还在于其有以消渴丸为领头的强势产品雁阵。还包括6大剂型的132个品种，其中独家品种就达21个，国家中药保护品种有13个。而作为中一药业的第一品牌"消渴丸"，同时也是全国口服糖尿病治疗药物的第一品牌：上市29年，已销售逾6亿瓶约700亿丸，累计服用患者已超过2 000万人，占整个糖尿病口服中成药及中西医结合药品市场的销售份额78％，也是迄今为止广东单品种销售量最大的中成药。

消渴丸之所以如此强势，其核心奥秘正是在以科技创新为主线的中药现代化。长久以来，中医药不为西方主流社会所接受，一个主要原因是其经验理论不能与讲究科学数据的现代医药科技对接。为此，对传统中成药产品进行二次开发，就成为我国中药现代化的重要内容之一。对以消渴丸为领阵的王牌产品的科技再研发，也是中一药业保持持久活力的重要原因。这一产品的最新发展是，引入国际通行的循证医学研究方式，进入"863计划"等国际顶级科研视野。

实际上，有关"消渴丸"的科技研发，只不过是中一药业持续创新的一个缩影。而这家企业对科技的执著，也是其最大看点之一。在国内药企群雄并起大多以营销为第一选择时，其坚定地认准科技创新。按中一药业的逻辑，作为医药企业，最核心的优势在技术创新。更重要的是，中一药业更是这一逻辑的坚定行动者。早在1981年，中一药业就成立了企业研究所，是全国中成药同行中第一家成立研究所的企业。

科研开发之外，中一药业的另一看点是质量管理。对质

中一之路

量控制的精益求精，中一药业在华南甚至在全国同行中都有口皆碑。有外宾和领导要来广州看药企、看管理，这里总是必到之地。如 2007 年底，全国性的产品质量和食品安全专项整治行动全面铺开，在这次行动中，中一药业的药品质量控制得到国家工商行政管理总局、国家食品药品监督管理局的一致肯定。国家食品药品监督管理局局长邵明立在考察了企业的产品开发部、中心化验室及车间后，感慨地说，"以后还要带外宾来参观"。

接下来就是中一药业的营销探索和品牌树立。令人好奇的是，中一药业的发展模式，一如其温和、敦厚的中药文化：强调实效，不哗众取宠，如花一年半时间在全国开展健康新长征活动，在全国各地建健康服务站等等。

品牌树立同样如此。足球营销、健康新长征活动、借势"陈晓旭事件"、全国率先推出"药品包装环保回收机制"等等，这些都可称作是"中一模式"的营销传播事件，从电视、报纸到网络，从高端受众到基层社区，从体育营销到社会责任，从医院领域到零售通道，绵里藏针，渗透性强，可持续性强。

如果说，观察中医药发展，有必要通过有效的个案来分析的话，中一药业，无疑是其中最值得关注的"麻雀"之一。

本书的形成，凝聚着中一药业高管、离退休职工以及媒体专业人士的心血。翻阅几十年前甚至更长时间的历史档案，找一个又一个知情人专访，其中，一些高管为佐证一两个细节还亲自写长文。"中一人"的严谨精神，由此可窥一斑。300 多年历史，这是中一药业的第一本全面"史记"。但我们相信，在中一药业一日千里的发展中，这样的"史记"会越来越厚重，越来越辉煌。

　　让我们一起期待，中一药业必定会给大家呈现更加精彩的下一个"中一之路"。

目录

中
一
之
路

岭南
中医药
文库

第一章
企业概况

本章看点：

●在我国中医药发展的漫漫历史长河中，中一药业300多年一路走来，从清朝老字号到民国药店到新中国成立后的公私合营，先后有46家老字号药业进入、并入中一药业。而到改革开放以后，随着以"消渴丸"为领阵的中一药业产品群的整体崛起，中一药业也实现了跨越式腾飞。

●中一药业有着"同心、开拓、求实、高效"的企业精神，有着"嘘寒问暖，始终如一"的服务理念，这种价值观也正渗透到中一药业的产品、品牌、营销、科技、管理和企业文化中。

云埔新厂区全貌

改革开放已走过 30 余年的光辉历程。30 年，一个古老的民族正在复苏，一个崭新的时代正在展开……我们既要展望未来，也要回顾过去。一个国家如何面对自己的历史？古老的文化如何焕发新的生机？是这个时代赋予我们不断地去思考的问题，对有着数千年历史的中医药事业来说，同样如此。

从神农尝百草到中药现代化，从古时药店到现代药企，我们要承载着历史悠久的中医药文化继续前行，我们要让古老文明闪耀光芒，如火如荼的 QC 小组、GMP 认证、GAP 基地、指纹图谱……一系列的中药现代化举措正在依次展开。如果你跟不上这个时代，便注定要被时代抛弃。

有这样一家中成药企业，它没有抛弃历史，它没有止步于过去，除了继续秉承"悬壶济世"、"养和树德"的中医药文化之外，在它的身上，你看到更多的是创新，是在改革浪潮中，不断朝着中药现代化方向发展的种种努力与尝试。这就是广州中一药业有限公司（以下简称中一药业）。

中一药业为国家中华老字号生产企业，其中药生产历史可追溯到清代康熙年间（1662～1722）的黄中璜药店，距今已有300多年历史，先后有46家老字号药业进入、并入中一药业。中一药业现隶属于广州医药集团有限公司（以下简称广药集团），是广州药业股份有限公司（以下简称广州药业）的控股子公司，也是原广州中药一厂（以下简称中药一厂）改制成立的有限责任公司。

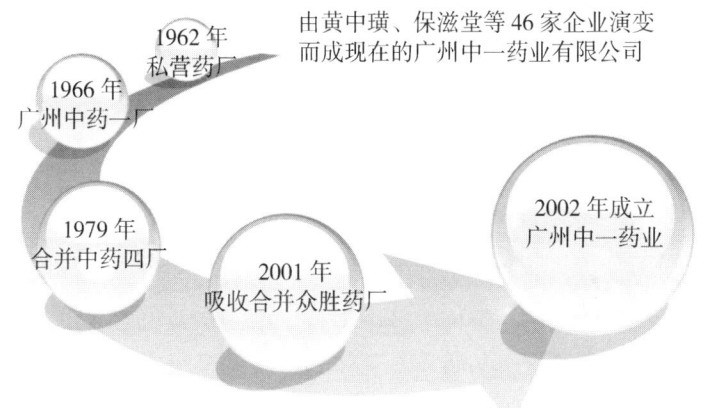

1962年
私营药厂

1966年
广州中药一厂

由黄中璜、保滋堂等46家企业演变
而成现在的广州中一药业有限公司

1979年
合并中药四厂

2001年
吸收合并众胜药厂

2002年成立
广州中一药业

中一药业发展历史示意图

中一药业按照现代科学管理制度，初步建立了一套符合我国医药产业环境的现代企业管理体系，注重加强企业基础管理，在加快可持续发展的步伐中，坚持发扬"同心、开拓、求实、高效"的企业精神，秉承"嘘寒问暖，始终如一"的服务理念，把握发展机遇，积极开拓，不断创新，不断进取，现已发展成为具有现代化一流水平的大型中成药生

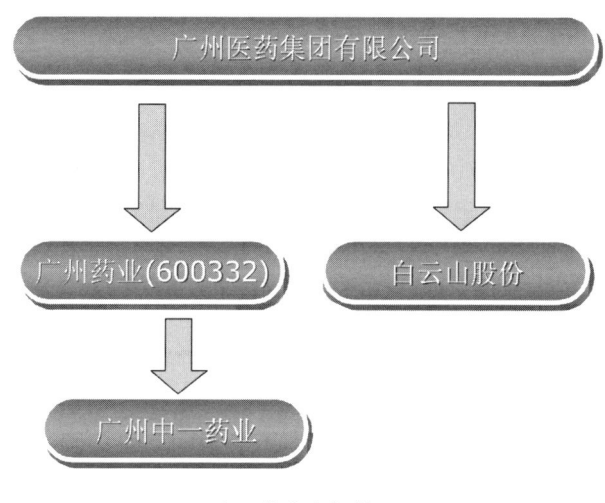

中一药业产权情况

产企业和广州医药集团有限公司旗下的骨干企业。

　　中一药业有员工1 200多人，其中博士生、硕士生及高级工程师、执业药师等各类优秀专业技术人员约占40%，分布在生产、科研、管理等各个岗位。中一药业以多年沉淀的企业文化为载体，为吸引人才、留住人才、发挥人才，创建全员参与的终身学习型组织，使企业发展始终充满活力。中一药业依据发展需求，不断加大技术创新力度，率先引入中药现代化的生产技术和生产设备，从内到外保证药品的高品质。

　　1981年，中一药业的前身中药一厂在行业内率先成立第一家企业研究所，多年来，以中医中药良方入手，研制生产治疗人体内分泌、消化、心脑血管、泌尿等系统疾病用药，包括丸剂、片剂、胶囊剂、颗粒剂、散剂、合剂等6大剂型135个品种，拥有常年生产的独家品种21个，其中13个品种被列为国家中药保护品种，中药保护品种的年销售额占全部品种的80%以上。消渴丸、胃乃安胶囊、障眼明片3个品种被评为广东省名牌产品，现已形成治疗糖尿病药品和消化系统药品两大系列主导产品。拳头产品消渴丸享誉国内外，它既是古方，也是中西药结合的产物。它吸收了明清两代名医的药方精粹，也吸收了国外普遍使用的治疗糖尿病化学药物，是第一个获得国家发明专利的中西药结合治疗糖尿病药物。近30年畅销不衰，在口服中成药降糖药中排名第一，已经牢牢占据了市场份额的78%，全国每年约有100万名糖尿病患者服用中一牌消渴丸，具有较高的品牌知名度和市场认知度。2007年8月，广州市中一糖尿病药物工程技术研究开发中心正式成立，这是全国第一个由政府认可的糖尿病药物研究开发中心；对消渴丸开展循证医学研究并进入国家"863计划"，为消渴丸今后的高速发展注入新的高科技动力。

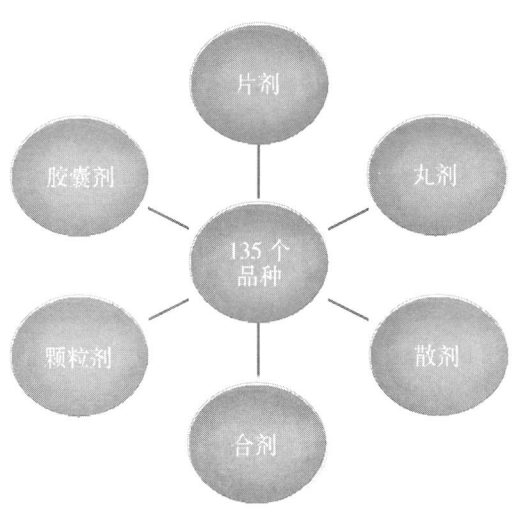

中一药业产品大系

消渴丸、胃乃安胶囊荣获广东省名牌产品证书

2009年12月，升级为广东省糖尿病药物工程技术研究开发中心。在行业内成为第一家进口一步制粒机、胶囊填充机、中药产品包装自动生产线等先进设备的企业，并在全国中药行业中率先采用微波干燥生产；率先普及GMP认证知识，成为首批通过GMP认证的企业之一；是我国中南六省第一家获得中药行业国家二级企业的称号，第一家获得"五一劳动奖状"、"质量管理奖"和"质量效益型企业"的企业；率先成为产学研发展模式的企业。

今天，中一药业已走出位于广州老城区拥挤的西关，在广州市萝岗云埔工业区建有12万米^{2}现代化GMP厂区，云埔一期工程、二期工程分别于2004年12月、2008年10月通过国家GMP认证，2006年3月通过澳大利亚TGA认证。那里有全国中药企业最先进的生产制造设施和环境，成为广州、广东甚至全国药品安全质量生产的示范点。新厂房、新工艺、

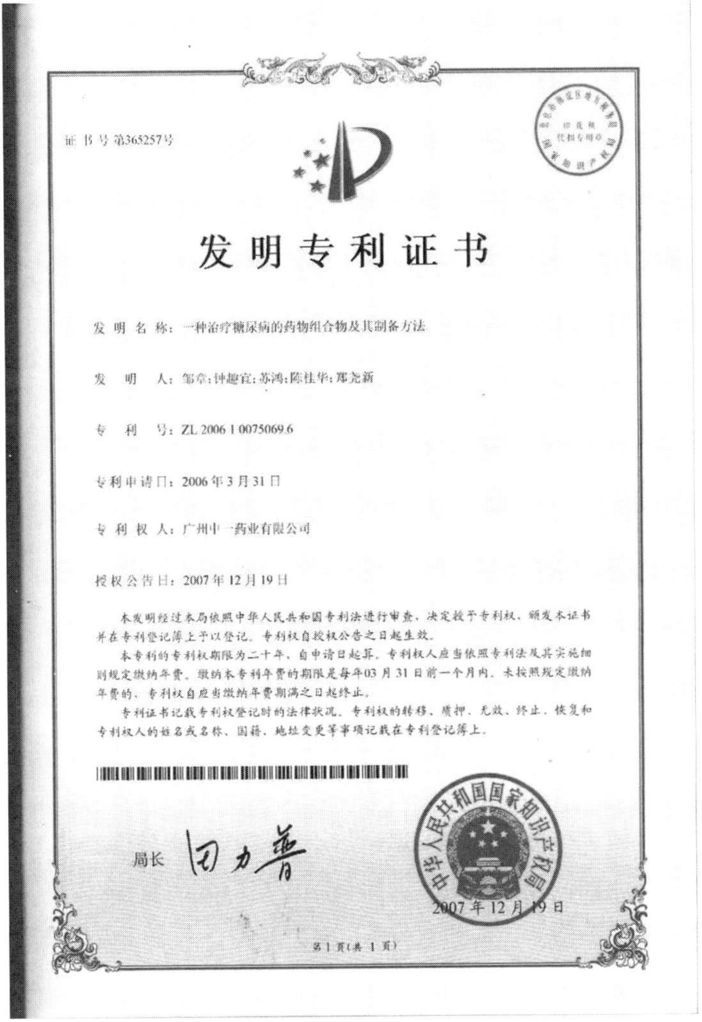

证书号 第365257号

发明专利证书

发 明 名 称：一种治疗糖尿病的药物组合物及其制备方法

发 明 人：邹韬;钟趣宜;苏鸿;陈桂华;郑尧新

专 利 号：ZL 2006 1 0075069.6

专利申请日：2006 年 3 月 31 日

专 利 权 人：广州中一药业有限公司

授权公告日：2007 年 12 月 19 日

　　本发明经过本局依照中华人民共和国专利法进行审查，决定授予专利权，颁发本证书并在专利登记簿上予以登记。专利权自授权公告之日起生效。

　　本专利的专利权期限为二十年，自申请日起算。专利权人应当依照专利法及其实施细则规定缴纳年费。缴纳本专利年费的期限是每年03月31日前一个月内。未按规定缴纳年费的，专利权自应当缴纳年费期满之日起终止。

　　专利证书记载专利权登记时的法律状况。专利权的转移、质押、无效、终止、恢复和专利权人的姓名或名称、国籍、地址变更等事项记载在专利登记簿上。

局长 田力普

2007 年 12 月 19 日

第 1 页（共 1 页）

消渴丸发明专利证书

新设备的投入使用，扩大了企业的发展规模，提高了企业的生产能力，增强了企业的市场竞争能力，为全力打造全国治

疗糖尿病药品生产基地和华南地区消化道药品生产基地的远景目标提供了有力的保障。

中一药业云埔新厂区

面对市场挑战，面对社会期盼，中一药业将秉承"嘘寒问暖，始终如一"的服务理念，坚持打造"两个基地"的战略规划，积极推进和实施中药产业现代化，进一步增强加快发展、率先发展、协调发展的历史责任感和使命感，抓住国家发展中药产业以及广东省建设中医药强省的契机，以传统中医理论为指导，以剂型改革、基础研究、企业升级为手段，开发高品质、高科技含量，并能适应国内外市场需要的现代药物制剂，将中一药业建成国内领先的药物研发生产企业，从而为推动我国中药产业现代化的发展，作出自己应有的贡献。

第二章

企 业 发 展

本章看点：

● 时光穿梭，300 多年前的广州一家小小个体药店，是如何跨越不同的发展阶段，成为如今一家大型中成药制造企业的？从清代初期的小小店铺开始，有前店后作坊式经营，有战乱纷飞下的艰难生存甚至停产，有十年浩劫的困惑，更有改革开放后的突飞猛进……中一药业的成长史，佐证了岭南中药的成长史。

● 回望 300 余年的中一药业，很容易发现，这家企业之所以能发展至今而长盛不衰，是因为其一贯秉承"为民造好药，做有责任心药企"的理念，质量控制、科技创新、营销探索、品牌树立，总是冲在同行业的最前列，堪称中药行业中一面鲜明的旗帜。中一药业是如何做到的？

● 几百年大浪淘沙，如果说一家企业所拥有的、真正能够超越永恒的，就是品牌。正因如此，中一药业始终对品牌倾注超乎寻常的热情。引人注目的至少有两点：

其一，建立品牌传播的基础，即统一企业形象和制定品牌战略。中一药业从1980年起被列为全国21家重点中成药企业之一。但这只是从企业的实绩考察而来，当时的企业形象和品牌策略仍模糊不清，直到20世纪90年代初期引入CI战略。即便如此，中一药业仍是广州地区药企第一家引入CI战略的，可谓率先"吃螃蟹者"。

其二，策划高水平的品牌传播方案。足球营销、健康新长征活动、借势"陈晓旭事件"、全国率先推出"药品包装环保回收机制"等，这些都是具有全国影响的重大传播策划，从电视、报纸到网络，从高端受众到基层社区，从体育营销到社会责任，从医院领域到零售通道，使中一药业的品牌传播，风头一时无两。

●仅有品牌和营销远不能说明中一药业的成长。作为医药企业，最核心的优势在技术创新。中一药业再次用事实印证了这一点。中一药业真正建立现代化的科研体系，始于1981年，标志性事件是中药一厂研究所的成立。在当时，这一举动是中国中成药企业的率先之举，是国内中成药企业中第一家成立研究所的企业。

●人们关注中一药业，无论讲述者还

是倾听者都期待着解剖"中一牌消渴丸"这一只"麻雀"。在中西药结合领域，在中药二次开发、再创新领域，在中药大品种临床应用推广领域，消渴丸的成功都已成为一个传奇。现在，中一牌消渴丸再次创新，为国内中药品种树立新的里程碑：开展国际水平的消渴丸循证医学研究，进入国家"863 计划"项目；开展国际领先水平的消渴丸药物经济学研究。中一牌消渴丸的再创新研究，正在成为国内中药大品种技术改造再创新领域的新典范。

第一节　300 多年演变

"神农尝百草之滋味，水泉之甘苦，令民知所避就，当此之时，一日而遇七十毒"，此为《淮南子》之所记载神农尝百草之事。

7 000 前的神农氏，被视为悠悠中华医药之始祖。《黄帝内经》问世，被视为中医正统理论之肇始，其主要以中华人文始祖黄帝与其臣子岐伯问答的形式进行记录，故又称"岐黄之术"。再至公元 2 世纪之《神农本草经》，乃成为中药完整论述之著，前后 2 000 年，下延至民间，上溯至庙堂，中药之源远流长，自不待言。

若论及南北，岭南的中医药发展至今亦有 1 300 多年历史。岭南地处五岭以南，始名于唐代贞观时期，其所辖范围约当今之广东、海南及广西大部和越南北部。由于岭南地兼山海，南部临海，海洋气候和内陆气候交汇，气候炎热，属湿润地区；珠江水系河道纵横，水量丰富，适合多种动植物生长繁育，因而中草药资源品种多，分布广，产量大，有不少质量上乘的道地药材，素有"广药"之称。

古代岭南医药文化受中原医学影响较大，《岭南医徵略》记载，晋代岭南名医已有支法存、葛洪、鲍姑、仰道人等，葛洪冲虚观、炼丹灶及洗药池遗址位于今广东罗浮山风景区。由于葛洪《抱朴子》、《肘后备急方》影响较大，岭南道教皆以罗浮冲虚观为祖亭。

应该说，黄中璜药店只是中一药业的始祖之一，而保滋堂药店，则是今天中一药业的发展主体之一。从黄中璜药店到中一药业，前后历经300多年，以保滋堂为主体，期间曾合并过46间药店（厂）。历史的风云变幻，饱经辛酸苦辣，没有沉沦湮灭，却能延脉而变，终树岭南中药领先之帜。

回溯中一药业300多年的发展历史，可划分为新中国成立前、解放初期、改革开放之前及改革开放之后4个阶段。历尽沧桑，几经坎坷。

一、清时老字号

岭南乃中医药发达之地，民间药店非常普遍，尤以南方的商业中心、繁华之地广州为甚。以史料为鉴，黄中璜药店创建于清代康熙元年（1662），保滋堂创建于清代康熙八年（1669），贵宁堂马百良药店始创于清代嘉庆二十五年（1820），还有广芝馆、集兰馆、梁财信、刘贻斋等老字号药店，也都有两三百年以上的历史。

这些药店以个人名字或别名作号，在当时都享有盛名，生产的中成药有膏、丹、丸、散、茶、油、酒等7大类，均以治疗药为主。由于常年行医，药店的创始人对医药的认识积累了一定的经验，将有效的验方和祖传秘方搜集研制为成药出售，如梁财信药店制成的跌打丸，保滋堂创始人潘务庵，将自己行医总结的儿科秘方制成"保婴丹"等。现在看起来，这些就是早期的中成药。

保滋堂创始人潘务庵，据记载为广东番禺人，从小聪敏好学，立志研究中医诊断、治疗和药物等科学，其后又得名医的精心指导，终于成为当时遐迩敬重的"大国手"。潘务庵在医疗实践上虽然取得卓越的成效，但并不骄傲自满，反而更加精益求精，以期达到"救病扶危"的宏愿。

潘务庵在行医中，看到风、寒、暑、湿、火、燥等六淫之气变化无常，致使小儿患急惊风来不及抢救而丧生，其家人非常痛心，令他深感中医中药救死扶伤的责任重大，于是便根据自己以往治病的经验，以疏风清热、化痰定惊为主治，悉心研究治疗对策，经反复临床实践，终于研制出保婴丹（又名通关散），所用药材包括：珍珠、牛黄、冰片、麝香、琥珀、朱砂、蝉虫、天麻、天竺黄、白僵蚕、全蝎、防风、钩藤、白附子等。小儿患急惊风时，一用保婴丹通关，便可转危为安，收到神速疗效。保婴丹由于疗效好，一时供不应求。潘务庵赚了钱，积累了资本，名气大升。

清代康熙八年（1669），潘务庵在广州双门底（又名四牌楼，即今北京南路）开办了保滋堂药店，既诊病又制售中成药。除大量生产保婴丹应市外，又研制出六味地黄丸、归脾丸、十全大补丸、天王保心丹、知柏地黄丸、保和丸 6 个品种。上述各种中成药因疗效好，代销的客户遍及大江南北，慕名前来求医求药的人络绎不绝。

中成药招牌的声名远播，还要依靠当时朝廷政要及达官贵人的赞誉和宣扬。清代道光二十三年（1843），时任两广总督祁贡，为保滋堂药店题写"养和种德"的匾牌（后俗称"养和树德"），意指行医制药之人，为百姓保养身心，品德高尚。中一药业的另一鼻祖马百良药店，也曾先后接受过清代大小官员赠匾牌11块之多。其中有钦点翰林院修撰大臣崇琦给马百良药店的"金液银丸"匾牌，以及御赐进士及第翰林院修撰梁耀枢为马百良药店题的"仁人利普"匾牌。

此即为当今称谓的品牌。当然，严格意义上还只是口碑传播。但无论如何，老字号的品牌就这样一天天流传下来了。

成名之后，为进一步扩充业务，清代道光二十六年（1846），保滋堂由广州双门底迁至广州浆栏路64号注册开厂，铺面较之前扩大数倍，另建工厂和栈房，即为当时传统药店多采用的前店后作坊模式。

至清代咸丰年间（1851～1861），洪秀全领导农民举行声势浩大的反清太平天国起义，保滋堂的股东们生怕战火殃及广州，为稳健起见，于咸丰七年（1857）在广东佛山豆豉巷（即今佛山市升平路48号）开设分店，时任司理人为关作杰。

关作杰秉承保滋堂"救病扶危"的宗旨，将广州保滋堂所制的膏、丹、丸、散等20多个品种的中成药，运至佛山分店销售，所卖的中成药质量上乘，因此生意兴隆、财源广进。后关作杰的孙子关应镛继承司理经营，至新中国成立后参加公私合营。

当时的集兰堂、梁财信、马百良、卢畅修、黄中璜、橘花仙馆等虽然均为前店后作坊式生产中成药，古老而简陋，从药材的拣选、切锉、研磨、拌和至制成药丸、丹、散等全过程，完全靠手工操作完成，但每个小作坊自有畅销产品，如集兰堂的三蛇胆川贝末、犀黄丸、金锁固精丸、虎潜丸、人参再造丸，梁财信的熊胆跌打丸，马百良的礞石滚痰丸，卢畅修的安胎丸，黄中璜的调经丸、三达丸，橘花仙馆的清心牛黄丸、安宫牛黄丸、温热至宝丸等。有些不仅两三百年畅销不衰，而且在 1956 年还被广州市卫生局认定为固有成方生产。由此可见中成药在民间所受的广泛认可及在岭南地区受到的偏爱。

1840 年鸦片战争以后，中国沦为半封建半殖民地国家。由于帝国主义的入侵，处于海上登陆口的广州首先沦陷，西医西药传入中国，使中成药行业遭受极大的打击，不少民族资本家被迫停产、停业或迁移内地，其中保滋堂停业达 7 年之久。

至中华民国二十七年（1938）10 月，日本侵略军入侵广州，保滋堂分店的厂房、货栈、铺面均被炸毁。在日伪政权的掠夺和摧残下，业主纷纷被迫关门停业，四散另谋生路，广州医药工业一落千丈。

抗战胜利后，欧美势力卷土重来，垄断了中国商品市场，货币贬值，苛捐杂税众多，使稍有生机的中成药企业重遭厄运。当时保滋堂一次售出药品货款 7 万元关金券（当时纸币名称），转眼间贬值为 1 万余元，一些小厂更陷于绝境，广州中成药企业境况惨淡，苦苦支撑。

伴随着中华民族长达百年的耻辱，中医药的发展在这一时期实际被战事"割裂"，曾经辉煌的中药行业陷入断层，停滞不前。

二、公私合营，兼并改造

新中国成立后，百废待举。政府对医药行业采取扶持政策，饱受摧残的广州中药行业开始复苏。20 世纪 50 年代，为了尽快恢复国民经济和把中成药业纳入社会主义轨道上来，国家对民族资本主义工商业进行社会主义改造，在连年的战火和劫难中幸存下来的个体资本性质的中成药作坊，被合并改组，进行公私合营。

当年的药厂多为小作坊，由于没有工业化，有的也是半工业化都谈不上，再加上历经劫难，所以规模都不大。根据新中国成立后公私合营时统计，37 家私营厂合营时从业人员共 418 人，平均每家 11.3 人，最多的保滋堂药厂有 48 人，最少的宝山店只有 1 人。

1956 年国家进行的一系列合并和公私合营，基本上将广州原先众多各自经营的私人企业纳入了公私合营，规划重组。

公私合营保滋堂联合制药厂：1956 年 6 月 1 日，由保滋堂、崇佛氏、梁财信、黄中璜、刘贻斋、卢畅修堂、杨觉庵、杏春园共 8 个私营厂合并组成公私合营保滋堂联合制药厂，同年 7 月又并入子记、祥记、泰记、宝山、杏林堂 5 个小厂。1958 年又将玉记丁香油厂及再生、甜记纸壳个体户并入，同时建立了中共公私合营保滋堂联合制药厂党支部。

公私合营迁善堂联合制药厂：1956 年 6 月，由迁善堂、橘花仙馆、百昌堂、集兰堂、广芝馆、善德堂、瑞草堂 7 个私营厂合并组成公私合营迁善堂联合制药厂，同年 8 月 1 日并入高伯荨个体户。1958 年 10 月再加入红棉味粉合作社、自力更生合作社。

公私合营马百良联合制药厂：1956 年，由私营马百良、江伯昭、梁济时、蛇王福、两仪轩、叶联合、杨桐竹林、黄体超、公生药厂、奇和成药社等 10 家厂组成公私合营马百良联合制药厂，1964 年改为广州利群药厂，1966 年改为广州中药四厂。

保滋堂联合制药厂：1961年9月，为了响应时任国家主席刘少奇提出的"调整、巩固、充实、提高"工业八字方针，适应形势需要，公私合营保滋堂联合制药厂、公私合营迁善堂联合制药厂及地方国营为群磨粉厂3家企业合并，组成了保滋堂联合制药厂，并组建了中共保滋堂联合制药厂党总支委员会，保滋堂联合制药厂开始了规模化生产。

1963年底，作为广州市"四清运动"试点，保滋堂联合制药厂进驻了"四清"工作队。这段时间，药厂的组织及行政事务均由"四清"工作队管理。1965年8月"四清运动"结束后，保滋堂联合制药厂选举产生了新的党总支委员会。

广州中药一厂：1965年10月，广州市医药行业进行了调整，中、西药厂实行分开层级管理，成立了广州中药制药总厂（隶属广州市化工局），对全市属下的9家中成药厂实行统一经营管理，同时为了贯彻当时的破"四旧"、立"四新"的指示，属下企业名称按数字排列。于是，保滋堂联合制药厂改名为"广州中药一厂"，党组织名称改为"中共广州中药一厂总支委员会"。在生产上为了集中力量发展各种剂型，进行产品归口，广州中药一厂被指定为生产大蜜丸。中药产业完成了规模合并、管理体制和政策的调整。

1966年5月，"文化大革命"运动，使广州中药产业再一次陷入长达10年的停滞时期。但广州中药一厂相继成立有生产临时指挥部，广大职工仍然坚守岗位，并未出现过较大规模的停产情况。

1968年8月，经广州市化工局革命委员会批准，广州中药一厂成立了革命委员会。为了与当时的广州中药制药总厂的建制相符，广州中药一厂的组织编制改为党支部。由于当时经济体制跟不上,各厂经济属独立核算,未能形成集团经济,而且剂型、产品单一,经济效益不好。直到 1974 年初撤销广州中药制药总厂后,广州中药一厂的组织及行政关系隶属于广州市医药工业局管辖,各厂剂型单一的情况才得到改变,中药的片剂、胶冻膏剂、颗粒剂、胶囊剂等随之而起。而这些,也为广州中药行业在新时期的发展奠定了基础。

三、重获新生

"文化大革命"结束后,1977 年 3 月,根据广州市医药工业局"医工(77)32 号文"精神,广州中药一厂组织编制恢复党总支委员会,并实行"党总支委员会领导下的厂长分工负责制"。

1978 年 12 月,具有伟大历史意义的党的十一届三中全会召开,会上确定了以经济建设为中心的指导思想,中国进入了改革开放的新时期。自此,广州中药一厂的生产、建设和经营管理发生了巨大的变化。

1979 年 7 月 1 日,按照广州市委及广州市医药工业局党委的指示精神,广州中药一厂和广州中药四厂合并,命名为"广州中药一厂",同时批准成立新一届的党委会。"广州中药一厂"的名字自此时一直沿用至 2002 年。

至此,广州中药一厂前前后后,一共合并了 37 家成药生产和经营企业,再加上后来合并的广州众胜药厂(由 9 家私营厂合并),一共 46 家。

1979 年,广州中药一厂的生产得到持续、协调的发展。当年工业总产值比 1956 年增长 9.28 倍,利润增长 2.78 倍。

在 1979 年,中药一厂与外商签订对外贸易合同 48 宗。其中来料加工有:羊城、正东荣、华昌、华辉、利源来、正丰、瑞安、华达、威威、繁荣 10 家商号，还先后接待了日本中医学院院长安风明和长仓制药株式会社、马来西亚卫生代表团、新西兰政府代表团、美国哈佛大学、墨西哥工业发展部部长助理及驻华经济参赞等外宾，并进行友好经济技术交流。厂级领导也多次带队，到日本、香港等中医药工业生产比较先进的国家、地区参观考察，并引进小丸成型设备，使小丸生产向机械化、自动化发展。

1980 年，中药一厂开始试行扩大企业自主权，实行科学的经营管理，经济效益明显提高。根据中共中央、国务院关于《国营工业进行全面整顿》的决定，中药一厂从 1980 年 10 月开始，按三项建设、五项工作、六好企业的要求，对企业实行全面性的综合治理。

通过整顿，中药一厂调整了领导班子的机构，精简了各级管理人员，完善和健全了各项规章制度和企业的各项基础管理工作，建立和健全了岗位责任制，初步克服了平均主义，调动了职工的积极性。

同时，中药一厂党委又根据十一届三中全会精神，提出了"奋战三年改变中药一厂面貌，建设调整厂房，提高产量，增加品种，不断发展对外贸易，依靠科技进步开拓进取"的口号，为企业在改革中指出了一条发展的路子。

这一时期，作为外埠重要口岸中心之一的广州，站在了对外改革开放的前沿，开始发展对外贸易和"三来一补"，中药一厂也充分利用国家"三来一补"的政策，及时了解国际市场上的需要，不断改良产品。特别是 1979 年国务院 220 号文发表后，中药一厂充分利用对外开放政策和广东中成药在国际上享有盛誉的有利条件，扩展对外贸易和来料加工业务，促进了企业的发展。

为了扩大对外贸易，中药一厂也于 1980 年 2 月新成立了出口车间，主要承接来料加工业务以满足外商客户的要求，使原来只有 18 种出口产品增加至 118 种。1980～1984 年，中药一厂对外贸易情况及来料加工合同有 436 宗，产值 430 万元，占出口总值 53%，创外汇额 158 万美元，实现利润 284 万元。出口交货值及品种均为广州中药行业之冠。

1985 年之前，国有企业实行党委领导下的厂长分工制，开始逐步突出工厂的管理团队在企业经营中的作用。中药一厂此时也开始重视企业的研发工作，建立了行业内的第一家研究所，并引进了一系列的现代化中成药生产设备，提高了生产效率和规模，在产品的推广方式上也开始初步尝试进行学术推广。

1985 年之后，国有企业体制改革进一步深化，中药一厂实行厂长负责制，开始突出企业负责人在经营管理中的领导作用，中药一厂获得了快速的发展。中药一厂传承保滋堂"为民造好药，做有责任心的药企"的理念，生产的中一牌消渴丸、滋肾育胎丸、胃乃安胶囊等一系列好药为中药一厂获得了巨大的声誉。中药一厂开始跻身国内一流中成药生产企业。

1997 年，为了响应医药管理体制变革以及广州市将医药工业做大做强的号召，中药一厂、陈李济药厂、潘高寿药业、王老吉药业前身的羊城药业等多家中华老字号企业联合成立广州药业股份有限公司，成为广州医药集团有限公司的二级子公司。同年及 2001 年，广州药业股份有限公司分别在香港交易所和上海交易所上市，成为公众公司。

2001 年，为了解决广药集团另一家子公司广州众胜药厂（创制于清朝的"李众胜堂"）的亏损问题，以及搭建良好的产品梯队，中药一厂响应集团关于整合资源的决定，吸收合并了广州众胜药厂，资产规模得到进一步扩大。

2002 年，广州市国有企业继续深化改革，广州中药一厂为适应现代企业管理要求，由企业管理层出资进行股份制改革，改制后，广州中药一厂也随之更名为"广州中一药业有限公司"。此名称一直延续使用至今。

300 多年时光荏苒，中一药业由一家前店后作坊的小个体药店，发展成为一家生产 6 大剂型 135 个品种，其中独家品种 21 个，国家中药保护品种 13 个，资产规模达 5.5 亿元，年销售额达 8.8 亿元，年利润总额达 1.5 亿元的大型现代化中成药制造企业，成为中成药"南药"的一大代表，也是目前华南中成药企业中单品牌销售额最大的中成药企业。

从前店后作坊式、公私合营、国有药厂再到股份制改造的完成，中一药业的成长历程，浓缩了中成药发展跌宕起伏的历史图卷，亦可以看做是华南中成药发展史的一个缩影。

2007 年，炎帝神农中医药发展论坛组委会给中一药业颁发了中国百年中药老字号企业奖牌，以表彰中一药业在弘扬神农中医药文化，促进中医药产业发展方面所作的贡献。

附录：

保滋堂老字号历史沿革简述

清代康熙八年（1669），番禺人潘务庵在广州双门底（又名四牌楼，即今北京南路）开办保滋堂药店，既诊病又制售中成药。

清代道光二十三年（1843），两广总督祁贡为保滋堂题写了"养和种德"4 个金光大字的巨型牌匾，从此保滋堂声名远扬。

清代道光二十六年（1846），保滋堂扩大经营，由双门底迁到桨栏路64号注册开厂。

清代咸丰七年（1857），保滋堂在佛山豆豉巷（今升平路48号）开设分店，司理人为关作杰。

1938年10月，保滋堂分店的厂房、货栈、铺面被日本侵略军炸塌。

1956~1958年，由保滋堂等16家厂、社合并组成公私合营保滋堂联合制药厂。

1961年，公私合营保滋堂联合制药厂、公私合营迁善堂联合制药厂与地方国营为群磨粉厂大合并，取名为保滋堂联合制药厂。

1965年，以保滋堂等9个厂为基础，成立"广州中药制药总厂"。

1965年，保滋堂联合制药厂改名为"广州中药一厂"。同年，在"破旧立新"的运动中，保滋堂的名称、堂号和宣传装饰被废除。

1979年，广州中药一厂与广州中药四厂合并，名称仍为"广州中药一厂"。

1989年，广州中药一厂与香港华顺公司合资成立的同行业中首家中外合资企业广州中富药业股份有限公司开业。

1997年及2001年，以中药一厂为骨干企业的广州药业分别在香港及上海上市。

2001年，广州中药一厂吸收合并广州众胜药厂。

2002年，广州中药一厂转制为中一药业。

证字**09009**号

广州中药一厂：

　　兹认证你单位为中华老字号

特颁发此证书。

中华人民共和国国内贸易部

一九九六年十二月　日

中华老字号证书

中华老字号及牌匾

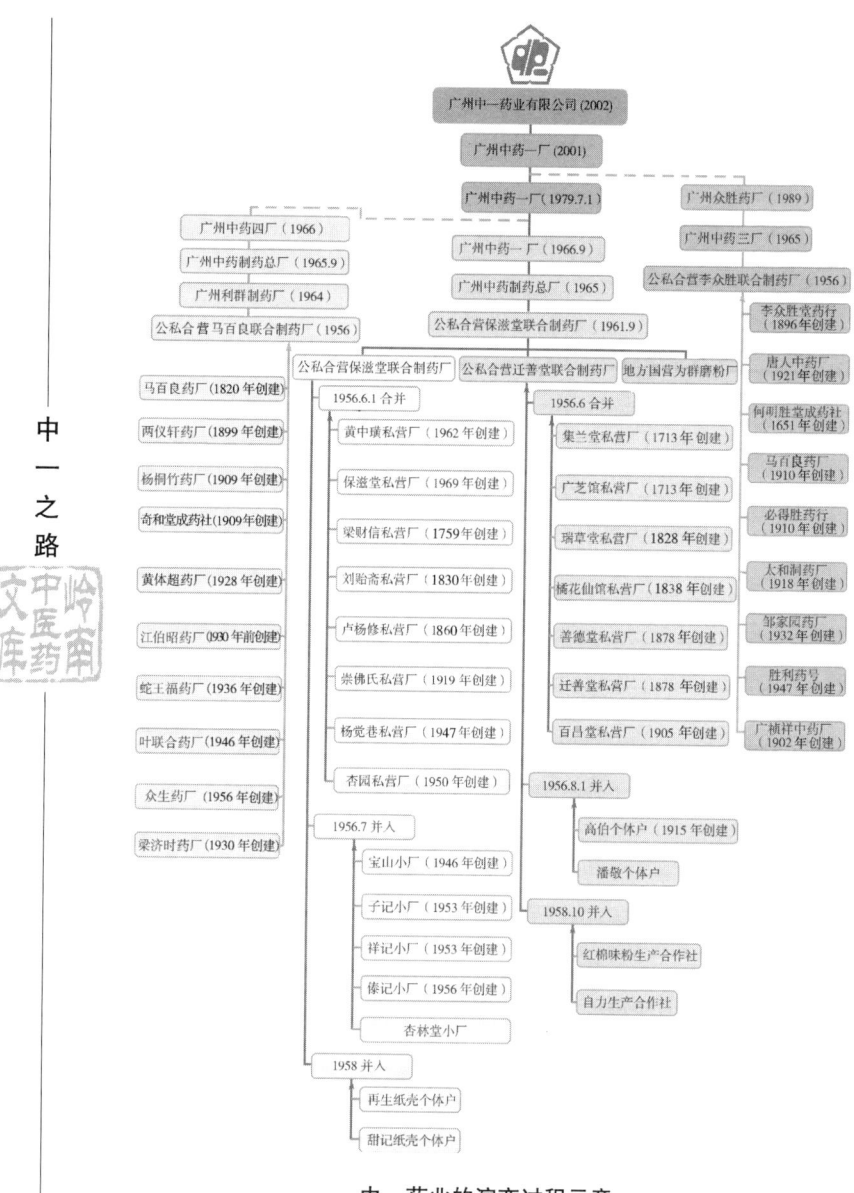

广州中一药业有限公司 (2002)

广州中药一厂 (2001)

广州中药一厂 (1979.7.1)

广州中药四厂 (1966)　　广州中药一厂 (1966.9)　　广州众胜药厂 (1989)

广州中药制药总厂 (1965.9)　广州中药制药总厂 (1965)　　广州中药三厂 (1965)

广州利群制药厂 (1964)　　公私合营保滋堂联合制药厂 (1961.9)　公私合营李众胜联合制药厂 (1956)

公私合营马百良联合制药厂 (1956)　公私合营保滋堂联合制药厂　公私合营迁善堂联合制药厂　地方国营为群磨粉厂

马百良药厂 (1820 年创建)　　　1956.6.1 合并　　　　1956.6 合并

李众胜堂药行 (1896 年创建)

两仪轩药厂 (1899 年创建)　　黄中横私营厂 (1962 年创建)　集兰堂私营厂 (1713 年创建)

唐人中药厂 (1921 年创建)

杨桐竹药厂 (1909 年创建)　　保滋堂私营厂 (1969 年创建)　广艺馆私营厂 (1713 年创建)

何明胜堂成药社 (1651 年创建)

奇和堂成药社 (1909 年创建)　梁财信私营厂 (1759 年创建)　瑞草堂私营厂 (1828 年创建)

马百良药厂 (1910 年创建)

黄体超药厂 (1928 年创建)　　刘贻斋私营厂 (1830 年创建)　橘花仙馆私营厂 (1838 年创建)

必得胜药行 (1910 年创建)

江伯昭药厂 (1930 年前创建)　卢杨修私营厂 (1860 年创建)　善德堂私营厂 (1878 年创建)

太和制药厂 (1918 年创建)

蛇王福药厂 (1936 年创建)　　崇佛氏私营厂 (1919 年创建)　迁善堂私营厂 (1878 年创建)

邹家园药厂 (1932 年创建)

叶联合药厂 (1946 年创建)　　杨觉巷私营厂 (1947 年创建)　百昌堂私营厂 (1905 年创建)

胜利药号 (1947 年创建)

众生药厂 (1956 年创建)　　　杏园私营厂 (1950 年创建)

广祯祥中药厂 (1902 年创建)

梁济时药厂 (1930 年创建)　　　1956.7 并入　　　　1956.8.1 并入

宝山小厂 (1946 年创建)　　高伯个体户 (1915 年创建)

子记小厂 (1953 年创建)　　潘敬个体户

祥记小厂 (1953 年创建)　　　1958.10 并入

葆记小厂 (1956 年创建)　　红棉味粉生产合作社

杏林堂小厂　　　　　　　自力生产合作社

1958 并入

再生纸壳个体户

甜记纸壳个体户

中一药业的演变过程示意

第二节　走向现代化

敬畏历史，镜鉴历史，而又不拘泥于历史，这是一个民族、一个国家，同时也是一个企业组织能够厚积薄发，既有深厚积累而又能够不断创新前进的发展理念。

改革开放后的中药一厂，在中成药产品制造、工艺、文化沉淀的基础上，从产品结构到生产设备、生产技术进行创新，开始迈向现代型的中成药生产企业。

一、技术改造

（一）生产设备和生产工艺的技术改造

品种是决定一家制药企业能否取得市场成功的核心元素。于是不难理解，为何中国中成药的现代化，中国制药企业的现代化，都源于对品种的研究开发和技术变革。而研究中国中成药诸多历史老字号的沉沦，其中一个共同点都是品种的老化，在剂型开发和产品独特性上，不能够与时俱进，缺乏创新之举，导致企业后续发展乏力，逐渐淹没在同质化竞争之中，被后起者超越。

传统的中成药生产剂型，主要以丸、散、膏、丹为主。保滋堂生产经营历史悠久，拥有一批工艺独特、疗效确切的产品，尤以丸剂比较齐全，且产量大，品种多。公私合营后生产过很多著名的产品，如保滋堂的虎潜丸、人参再造丸、痧药蟾酥丸，橘花仙馆的清心牛黄丸、安宫牛黄丸、温热至宝丹等。

尚处于私营企业时期，广州市有41家厂店生产丸剂。在成立广州中药制药总厂时期，按照专业生产的原则，蜡壳蜜丸、大蜜丸由陈李济和保滋堂生产。保滋堂生产的蜡壳蜜丸有安宫牛黄丸、附桂八味丸、附桂理中丸、虎胫再造丸、六味地黄丸、鹿羓补肾丸、参茸卫生丸、调经理气丸等。其中仙橘牌安宫牛黄丸始创于1858年，远近驰名，功效突出，曾在1979年9月被授予优质产品称号。

保滋堂流传至今仍在生产的有中一牌卫生丸、归脾丸、六味地黄丸、补中益气丸、安胎丸、蛤蚧定喘丸等产品。根据《中华人民共和国药品管理法》、《中华人民共和国药品管理法实施条例》，这些产品均于2002年在国家食品药品监督管理局（以下简称药监局）重新注册，并取得药品注册证。其中六味地黄丸等原品种增加了小丸剂型，以供患者有更多的选择。

传统中成药尚存在着方药繁杂、剂型古老、服用不便、工艺落后、质量控制差、缺乏科学的试验结果等等问题，当时中药一厂从对传统古方的开发和生产技术的革新上开始着手，并引入药理、药效、临床试验等现代医药学研究方法。

1981年，广州中药一厂成立了全行业首家中药研究所，建立了资料室、仪器室、药理室和中心化验室，初步形成了一个比较完整的新科技开发研制古方正药体系，加速了新产品的开发和中药有效成分的研究。在1981～1985年，中药一厂研究所采取科研走向社会及落实任务、技术保证等方法，5年内研制出了消渴丸、滋肾育胎丸、乌蛇止痒丸、白蚀丸、心可宁胶囊、益肝颗粒、降气定喘丸、胃乃安胶囊、镇痛丸、固肾生发丸、益智灵胶囊等10多个新产品。

在这些产品中，益肝颗粒和白蚀丸分别被列为省、市重点科研项目，消渴丸、胃乃安胶囊、滋肾育胎丸更是获多项科技创新奖。这一期间，中药一厂不断改变产品结构，提高产品质量，从过去只生产大蜜丸、小丸，发展到浸膏剂、颗粒剂、片剂、胶囊剂、丹（散）剂，并研制仿日本汉方颗粒剂等的多剂型生产，加强了产品更新换代。

"八五"期间，广州中药一厂继续致力于开发新产品。在 1991 年成功研制了新一代止血新药紫地宁血散，该产品在 1992 年被列为全国中医医药急诊科（室）首批必备中成药；1993 年，中药一厂又一新药便秘通面世，并获得发明专利，此产品在当年被国家计划委员会社会事业司等评为第四届全国抗衰老科学技术大会暨首届中华抗衰老精品博览会金寿杯金奖，1995 年被中国专利十年成就展组织委员会评审委员会评为中国专利十年成就展金奖；1993 年中一牌山菊饮与广大市民见面；1994 年保健系列食品龟苓汁、甘香龟苓膏问世；1995 年养颜健胃膏投放市场。从"八五"到"九五"期间，中药一厂一直保持了产品结构的不断丰富和新产品的持续研发。

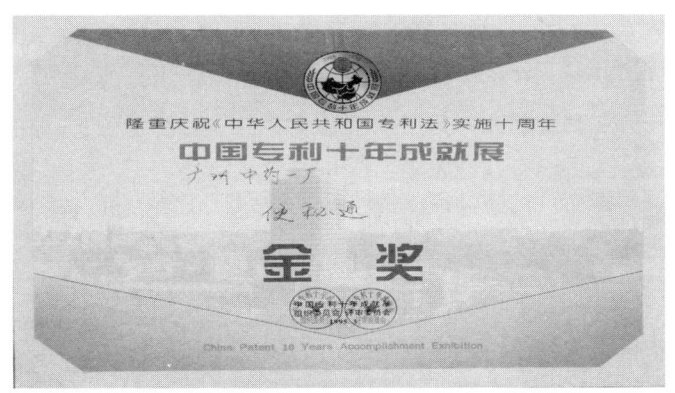

便秘通获中国专利十年成就展金奖

如今，中一药业生产的剂型已包括丸剂、胶囊剂、片剂、颗粒剂、散剂、合剂，拥有 135 个品种，常年生产品种 50 多个，涵盖人体内分泌系统、消化系统、心脑血管系统、泌尿系统等疾病的治疗用药。发展至 2004 年，形成了以糖尿病和消化疾病用药为主的两大产品体系。

除新品研发外，当时的中一药业中药现代化，主要先从剂型的改革和生产技术、生产质量控制的变革开始。特别是生产技术的现代化，是中药现代化先迈出去的第一步。中一药业在技术革新上的进步，是奠定中一药业在当今中药业界地位的一个重要基石。在改革开放的 30 年中，中一药业创造了诸多技术创新上的"第一"。

技术创新，首先是生产设备的改造，技术设备的更新，这是经济发展开始踏入工业化时代的一个典型标志。

20 多年前，中药一厂的生产设备比较陈旧，简陋的铡药机、敞口式的提取锅、笨重的石磨、脚踩的研船、直火式的干燥炉等，在生产的过程也没有定量和定性的监控设施，只能依靠人工进行操作，制成的药丸难免会大小不一。事实上，这样的状况，并不仅仅是中药一厂如此，在当时的整个广州医药行业都是如此。

厂区里仅有几台风扇，广州的夏日酷热，工人们只能顶着酷暑作业。中药一厂的第一台空调，是从美国进口的"飞歌"牌，就这么一台空调，还是中药一厂用"三来一补"创造的效益采购的设备。当时的中药一厂的人深有体会，不对生产设备进行改造，中成药生产的现代化和规模化就无从谈起。

1979 年，广州中药一厂与广州中药四厂并厂后的"广州中药一厂"，第一个技术改造目标就是在位于丛桂路丛桂新街 50 号、52 号、54 号处建一栋 6 层，占地面积 785 米^2，建

铡药机

蜜丸打壳工序

筑面积约 3 200 米² 的新车间（即原企业丛桂厂区 1 号楼）代
替位于杉木栏路的小蜜丸车间。尽管当时条件很差，但企业
领导决心大，起点也高，新建车间按当时国家中医药管理局

GMP 要求进行设计，采用洁净厂房生产中成药，设有技术夹层。车间还安装有中央空调，能控制室内温、湿度，生产设备也配置了当时国内丸剂、片剂、颗粒剂等制剂设备，引进日本 FLO－120 流化喷雾造粒干燥机，按生产工艺流程进行布局，人流、物流分开，划出人流、物流净化区域，货梯、人梯分开设计安装。

该项工程于 1980 年 8 月动工，1984 年 9 月竣工，企业利用当时国家"税后还贷"的优惠政策，先后共投入 170 多万元。1983 年，中药一厂从日本进口了当时最为先进的 FLO－120 流化喷雾造粒干燥机，也称一步造粒机，开始了设备引进和改造的产业升级。

就是这一台一步造粒机，让中药一厂人认识到在中药现代化上的"知识短缺"。当时在全国，只有广州和广西玉林这两个城市各进口了一台这样的机器，在国内，是一件颇为轰动的技术革新大事。

1984 年对丛桂路的厂房进行技术改造，这期的技术改造十分成功，也直接推动了企业的产业升级。它不但大大提升企业的产能，也大大改善了企业职工的工作条件，降低了劳动强度，大大提高了产品质量，为以后企业的改造积累了资金、经验。后来丛桂路厂房历次改造，成为生产消渴丸的主要车间，一直至 2008 年。

传统的手工制丸，要先将药材经提取后的干膏或无需提取的药材研磨成粉，然后逐层加药粉，泛成丸。工人站立作业，被药粉的粉尘搞得灰头土脸，而且泛出的丸收得率低，药粉损耗也比较大，工人操作环境差，且劳动强度大。1985 年，中药一厂开始进行手工制丸改机械制丸的研究，用日本进口的 LB－760 型制丸机进行机械制丸。

1991 年，中药一厂引进了一条全自动的数粒包装生产线，生产效率得到了大幅度的提高。在此之前，一个工人一天加班加点用量斗分装只能装到 1 000 瓶，而自动生产线，每分钟即可以数粒分装 75 瓶。

1996 年，中药一厂又引进了德国生产的全自动药品包装机，全面实现内、外包装生产全线机械化，在此之前，外包装需要 100 多人进行操作，而实现机械化后，只需 10 多人即可。

从 1980 年第一期改造工程开始到 1991 年 10 年间，中药一厂改造的厂房面积达到了 8 000 多米^2，生产环境大为改观：明亮的厂房，铝合金玻璃间隔，人流与物流分开，制剂车间安装了空调。工艺卫生的实施有了可靠的保证，达到 GMP 管理的基本要求，提取工艺改用了多能提取罐、真空浓缩罐、离心薄膜蒸发器等先进设备和先进工艺，不仅工艺卫生、工人劳动条件大为改善，而且生产能力增加了 1 倍，提取收得率提高，能耗降低。基本实现了以机器代替手工生产，在密闭的系统中既减少了粉尘对环境的影响，又避免了操作者与药物的直接接触，药品质量提高，而机器的定量装置，更可使重差合格率高达 99.7%，使人均产量又提高了 20 倍。

从保滋堂老字号药店的老厂址浆栏路，到丛桂路的新车间，中药一厂在新时期，通过改造，已经完成了第一次脱胎换骨的成长，告别了以手工生产为主的旧式生产方式。

中药一厂的产能也经过 10 多年的改造，有了鼓舞人心的飞跃，其中小蜜丸剂产品消渴丸从原来设计年产 160 万瓶跃升到年产 2 000 多万瓶，跨进了国内中成药工业企业先进行列。这标志着中药一厂已迈上现代化中成药制造企业的道路，而在此之后的 10 年，再一次迎来第二次现代化改造。

1997 年，中药一厂引进了微波干燥设备，它是国内最早使用这一技术的制药企业。1997 年之前，制丸过程中的干燥设备主要采用热风循环烘箱，由于烘箱加热原理是由外到内，干燥速度慢而且灭菌效果不理想。用热风循环烘箱干燥消渴丸，平均一次检验合格率只有 60％～70％；用微波干燥消渴丸，一次检验合格率超过 99％，同时节省了大量的人力、物力。现在，微波生产线由 1997 年的 1 条增加到 2007 年的 5 条，全面实现药丸采用微波干燥生产工艺。

微波干燥生产线

改革开放后，在技改项目进展的同时，中一药业走上现代化的另一个措施是通过不断的技术创新，使工艺创新日益进步。时至今日，中一药业的产品工艺研究与改革开放前相比，已不可同日而语。

与传统糖衣片相比，薄膜包衣片具有生产时间短，操作自动化，不易产尘，节省物料，防潮，避光，掩味，耐磨，不易产生裂片、花斑、霉点，易于崩解，体积小和对糖尿病患者和忌糖患者没有服用限制等优点。为配合市场需要，提高产品质量，中一药业针对糖衣片品种的工艺特点，对稠膏的干燥方法、辅料的选择、制粒工艺、包衣工艺等进行技术攻关，制定了一系列适合薄膜包衣片生产的工艺流程。从1998年首个鼻咽灵片获得增加薄膜衣规格批文开始，已经完成所有糖衣片改成薄膜包衣片的研究开发工作。

为配合设备改造、降低生产成本，制粒工艺也由原来的湿法制粒改为一步制粒。与湿法制粒相比，一步制粒具有不易产尘、节约生产时间（制粒、混合、干燥在一机内进行）、颗粒粒度均匀等优点，同时对制粒工艺中黏合剂的使用、干燥温度、喷液流量等方面进行了工艺攻关。胶囊剂和散剂由原来的手工操作（手工入胶囊、散剂手工分装）发展到全自动、机械化入胶囊，采用自动化技术进行散剂分装，实现全封闭生产，使传统中药生产工艺技术水平有了质的飞跃。

在丸剂生产方面，配合引进了微波干燥和增加沸腾干燥设备。根据产品的性质和质量要求，进行大量的工艺模拟工作，为各品种选择了最佳的干燥工艺，同时制定了各种工艺参数。

在前处理生产方面，为保证产品的微生物检验符合质量标准，根据产品的性质，配置了蒸汽灭菌柜对药材和药粉进行灭菌，并制定灭菌操作的工艺参数。配置粉碎联动机后，通过对不同产品的粉碎情况和制剂生产情况的研究，筛选出合适的粉碎工艺。

2004年开始进行合剂便秘通的生产，为配合新产品的工业化生产，进行了生产工艺的模拟，并制定了合剂生产各工序的工艺参数。

2005年版《中华人民共和国药典（一部）》中多个品种增加了含量检测，为保证产品质量，对所有产品的工艺进行细化，并对影响含量的工序进行工艺攻关，确保每个产品均符合质量标准。

2006 年，对加味藿香正气丸、保和丸、龙胆泻肝丸等 8 个品种进行了包衣工艺改革，改二次包衣为一次包衣，并取得了简化包衣操作、缩短生产时间、降低生产成本的成果。目前，这 8 个品种均进行一次包衣生产，且产品质量达到标准要求。

为解决丸剂产品溶散问题，配合复合薄膜包装生产，中一药业对金锁固精丸、固肾生发丸和辛夷鼻炎丸等药的丸径也进行了改良。

近年来，中一药业还完成了气痛丸、息喘丸、银翘伤风胶囊等质量标准提高产品的生产，确定了各工序的工艺参数。

（二）生产场地的技术改造

传统中成药药店的生产情况大同小异，都是前店后作坊模式，即销售铺面与工房连在一起。房子结构一般是两层木质或砖木小楼，底层是铺面，铺面后面有楼梯通往二楼工房，几乎所有的制造工序都在同一间工房内完成，拣、研、磨、炒、拌、煮，工房内原料、炉灶、柴火、蒸汽混杂在一起，完全是小规模手工作坊生产方式。

20 多年前的中药一厂，生产条件和生产环境同样如此。当时中药一厂的生产车间位于广州市的老城区，周围都是民居，而且厂房都是砖木结构。当时最好的厂房是位于桨栏路 60 号、62 号、64 号的车间，大多是框架结构，共 6 层，后来经装修，还可以进行密闭式生产，人流、物流也分布得比较好，厂房面积还算大，建筑面积有 3 700 多米^2，在当时广州旧城区算是硬件过得去的药厂。但位于杉木栏路的车间就差了，厂房结构为砖木结构，楼房不高，两三层，狭长而窄

（重建也不合适），而且是敞开式生产。生产区域，环境卫生差，由于大蜜丸和小蜜丸的制造过程中要熬蜜、搓香油等，空间有限，工序没有分开间隔，操作不规范，地上到处是黏糊糊的药丸残留物，人行走时都粘鞋。在生产车间，人和运料的小车互相穿梭，电梯也是人货共用。

经过20世纪80年代初期的第一次生产场地和生产技术的改造之后，到了90年代末，随着药品生产质量要求的提高，位于丛桂路和桨栏路的生产车间所存在的问题开始凸显出来。与此同时特别是随着1998年中国药企大规模的GMP认证的到来，国内药企的生产环境逐渐得到大幅度提升。在这样的背景下，中药一厂原来已经改造过的生产环境已不再适应当时的生产需要。

丛桂路旧厂房生产车间

由于厂房处于闹市区，随着企业生产规模的扩大，特别是建设全国两大专业药品生产基地经营战略的实施，产品二次开发以及与国际接轨等等的要求，场地和生产能力出现了瓶颈，在一定程度上阻碍了管理和改造的提升，无法进行全面统筹。

云埔新厂区一期建设工程奠基仪式

1998 年，中药一厂提出了异地搬迁的构想，新的厂址确定在位于广州东部的新兴工业区——云埔工业区；2000 年，中一药业提出易地搬迁的操作方案；2003 年，新厂区第一期工程开工；2004 年，3 个主要生产车间均按药品生产 GMP 要求进行布局和洁净级别装修，动力设备，生产工艺公用配套设施全部配套、安装、调试；2004 年底，一期工程基本竣工，并通过了 GMP 认证。

随着历时 6 年的云埔新厂区一期工程的竣工，中一药业便拥有了一体化全新厂区，不但优化了企业生产条件，同时也带动了企业产品的升级换代及新产品开发。除了提供妇炎消泡腾片等新产品新剂型产业化生产场地外，也给产品研发部门提供了 2 100 米^2 的试验研究场地，给产品质检部门提供了 2 400 米^2 的产品检测场所，优化了产品质量检测条件，迎来了产品升级换代及新产品开发的又一个春天。

从 2005~2006 年企业改造后的生产运行、产品质量情况来看，改造后新增生产能力达到设计能力，产品质量也有硬件给予充分支持：2005~2006 年所有质量考核指标包括国家监督抽查率、一等品率，丸剂、胶囊剂、片剂一次检验合格率全部达到国家标准。此外，更为振奋人心的是在 2006 年 3 月，厂房、设备设施、生产管理、化验、仓储等药品生产及流通全过程，都通过澳大利亚 TGA 认证，取得了药品出口到澳大利亚及英联邦国家销售的通行证。2008 年 10 月，云埔新厂区二期工程通过国家 GMP 认证。

云埔新厂区二期建设工程奠基仪式

如今，走进中一药业的新厂区，整个厂区占地 12 万米^2，宽阔舒畅，厂区内环境幽雅，绿树成荫，建筑坐落井然，科研大楼、营销大楼宏伟壮观。厂区内的道路标示、安全生产标示、企业形象标示和文化栏彰显着企业的新形象、新理念。生产车间按照严格的流程进行管理，一车间门前专门设计了专供访客参观的落地玻璃幕，并设计了参观走道，车间内的生产状况一目了然。历经多次的全方位改造和20多年的努力奋斗，如今的中一药业已然是一家现代化的大型中成药制造企业。

（三）中药制剂现代化

中一药业的产品70%以上是丸剂。丸剂是指药材细粉或药材提取物加适量的黏合剂或其他辅料制成的球形或类球形制剂。丸剂造型美观，载药量大，携带方便，适应范围广，是中药的理想剂型之一，也是最受老百姓喜爱的剂型之一。

面对中国加入WTO所带来的各种挑战和机遇，传统中药丸剂想要更高更快地发展，必须提高产品本身的各项技术含量。传统中药丸剂是手工泛丸，全靠人手在泛丸缸内不断地加粉搅拌，最后成型。这种工艺方法，不但劳动强度非常大，容易出现肩周劳损等各种问题，而且生产的丸粒大小均匀性对操作工的技术依赖性较强，这也很大程度上影响了产品的稳定性。在中一药业的产品大系中，消渴丸作为丸剂代表，是国内治疗糖尿病第一大中成药品种，它的制造工艺水平在一定程度上反映了国内丸剂的制造水平。为此，中一药业确立了"以大品种消渴丸生产为研究对象，逐步提高中药丸剂工艺现代化水平，构筑现代质量控制体系，为人民群众提供更加安全、有效、质量可靠的产品"这一重要发展战略。

20世纪80年代，中一药业引进日本LB－760型制丸机，进行传统中药丸剂的生产方式改革摸索。由于受当时技术水平和物料稳定性的局限，制出的药丸合格率低，未推广到大生产使用。

90 年代，中一药业引进黑龙江迪尔制药机械有限公司制造的 ZW－120A 型中药制丸机，经过试用，还是不能达到预期的产量及质量效果，同时对比手工泛丸的优势并非十分明显，因此也未能推广应用。不过这次攻关虽未实现产业化，但在攻关过程中积累了不少数据、经验和教训，为消渴丸最终实现机械制丸产业化生产打下了坚实基础。

2003 年，随着科技的不断发展，制丸设备也有了很大的改进，因此中一药业再次启动机械制丸的生产方式改革决策，在前两次的机械试制丸经验的基础上，引进了甘肃天水华圆制造的 YUJ－17B 型自动制丸机。由于有前两次试制的生产经验，中一药业科技人员和车间的工人一起，群策群力，提出很多解决问题的措施，并和厂家一起改进制丸设备，有效地解决了一直以来困扰机械制丸物料和设备的适应性关键问题，经过模拟，机械制丸机制出的丸粒质量及产量都达到了预期目标。

2005 年 3 月，中一药业决定在机械制丸成功的基础上，进一步推进传统中药丸剂生产的现代化水平，成立了由中一药业领导担任组长，生产技术部、设备工程部、质量管理部、车间等人员为组员的消渴丸机械化联动生产工艺攻关小组。攻关小组成立初期，针对如何实现传统中药丸剂生产现代化问题，考察了国内多家知名大型药企，借鉴经验。考察过程中，小组成员深深感到提升民族传统丸剂生产模式的迫切性。2005 年 5 月确定了基本思路，要将丸剂的手工生产彻底改进成机械化联动生产，经过反复推进，7 月，攻关小组与设备厂家在广州丛桂路旧生产区合作开发了一条包括炼药机、制丸机、微波干燥机、在线红外水分检测仪器、选丸机和中间产品输送系统的联动生产线，就物料与设备的适应性进行了大量的实验，并对关键设备的"心脏"、"大脑"和物料的传输进行了较大的完善改造。2006年12月，基本实现了消渴丸机械化联动生产线的平衡生产运行。该项目的成功实施获得了广州医药集团有限公司科技进步三等奖及中一药业科技管理创新项目一等奖。获得肯定的同时，攻关小组并没有停止改进，2007年成立了多个QC小组继续进行完善，产品质量稳定性得到了不断提高，为中一药业的易地技术改造项目提供了非常宝贵的技术支持。

2008年8月，云埔新厂区消渴丸机械化联动生产线产业化易地技术改造工程顺利交付使用，经过2个月的调试及验证，10月，该生产项目顺利通过了国家GMP认证。至此现代化的传统中药丸剂生产模式终于正式推广应用到大规模生产。

实现消渴丸机械化联动线产业化生产后，与传统手工制剂相比，联动生产班组的生产效率提高了，日均产量由7.36万瓶提高到15万瓶，年产量可达8000万瓶，产值9.4亿元，可带来9400万元的利润。生产场地占用面积降低了50%，耗电量降低15%以上，制剂收得率由92.2%提升至94%。同时，该联动生产线将原来分散的泛丸—筛丸—干燥—筛丸等几个工序用真空负压管道装置串联起来，省去各工序之间中间产品的称量、贮存、运输、交接、装载容器的清洗等工作，同时联动进行制丸—筛丸—干燥—筛丸的生产，节省了大量的装载容器和物料贮存空间，实现动态链接，使生产连贯，衔接顺畅。联动生产，不但提高了生产效率，改善了生产环境，降低了工人的劳动强度，彻底改变了中成药生产的落后局面，提高了整个剂型的生产工艺水平，该技术推广到其他丸剂品种后，将提高整个中药丸剂的工艺水平，从而有力推动中药生产逐步走向现代化。

消渴丸制丸联动生产线一角

附录：

1. 中一药业历年技改

①1986～1989年，在位于广州丛桂路丛桂新街72号、74号、76号建提炼车间（即企业丛桂厂区3号楼），新建楼房7层，占地450米²，建筑面积约2 700米²，新购主要设备29台（套），投资286万元。

设备技改方面，1987年更新4吨锅炉，引进MG2全自动胶囊充填机（意大利），购置LW1500型中药蜡壳蜜丸包装机，开发ZWJ－76型制丸机等。

②1989～1992年，在位于广州丛桂新街42号、44号、46号建中药前处理大楼（即企业丛桂厂区5号楼），新建楼房6层，占地面积541米²，建筑面积1 567米²，新改造4套粉碎机组，投资660多万元。

设备技改方面，从 1991 年起，用 3 年时间投资 95 万元，将企业 2 台燃煤锅炉改造成 3 台燃油锅炉，实现锅炉运行自动化。

③1993~1994 年，在位于广州宁溪横街 19~29 号建一栋生产化验大楼（即企业丛桂厂区 2 号楼），新建楼房 7 层，占地面积 1 328 米^2，建筑面积 4 320 米^2，其中 1~5 层用于小蜜丸剂、胶囊剂扩产，6、7 层作为企业中心化验室。共耗资 2 600 多万元。引进 3 条加拿大塑料瓶内包装生产线，1 台意大利 MT-80 全自动胶囊充填机，中心化验室则配套了高效液相色谱仪、原子吸收光谱仪、气相色谱仪、薄层层析仪等具有国际现代化水平生产设备和产品测试仪器，将企业的产能和产品质量同时推向一个更高的水平。

④1995 年，企业又引进 PV6/D 铝箔封袋包装机，用于代替落伍的指头瓶包装，提高效率 15 倍。

⑤1996 年投资 670 万元，引进 C2205 自动入盒包装生产线（西德 Uhlmann 公司），在全国同行业首家实现小蜜丸剂包装全自动化生产。

⑥1997 年率先在同行业对中药小蜜丸干燥工艺进行重大革新，采用微波干燥灭菌生产线取代热风循环烘箱，使中药小蜜丸在质量上有突破性提高，同时减少工人劳动强度，改善劳动环境，并可提高生产效率几十倍。

⑦1998 年投资 430 万元引进第二条自动化入盒包装生产线，实现胶囊剂包装全自动化生产。

同时，结合 GMP 认证的硬件改造，投资 900 多万元，分别对企业丛桂厂区 1 号、2 号、3 号、4 号、5 号楼按国家 GMP 验收新要求进行全面改造，4 个半月工程顺利竣工，通过了 GMP 现场认证。其中有部分中药剂型、装备达到国际药品认可的水平。

⑧2000年，根据产业升级改造的需要，企业开始进行整体搬迁工作，项目总投资18 703万元，其中固定资产投资16 881万元。项目申请银行贷款10 000万元。第一期项目被列入国家第七批国债专用资金项目，获得中央贴息360万元，地方补助720万元、贴息180万元，其他资金均由企业自筹解决。采用先进技术，购置混合机、高效薄膜包衣机、压片机、湿法制粒机、内包装生产线、自动装盒包装生产线等设备；按GMP标准对企业进行合理布局，新建粉碎车间、制剂车间等厂房39 600米^2；配套建设水、电等辅助设施。土建、设备、公用设施安装工程于2003年9月6日正式开工，并于2004年10月基本完成，2004年11~12月进行试机运转，12月24日通过GMP认证现场检查，并获得GMP证书。

第一期建筑占地面积为22 549米^2，总建筑面积为39 680米^2。包括制剂二车间、三车间、粉碎生产车间、科研化验楼、公共工程楼、生活综合大楼、危险品仓库等。更新改造关键设备46台（套）、空调设备40台（套）和制药配套设备83台（套）。

一期工程改造后引进的生产设备，均达到国际或国内先进水平，其中内包装生产线和自动装盒包装生产线达到国际先进水平；自动提升料斗混合机、高效薄膜包衣机、压片机、湿法制粒机、微波药丸烘干机、铝—铝泡罩包装机和沸腾干燥机达到国内先进水平。部分设备经改造挖潜，生产力与选用范围甚至优于设备标称能力，如中药小蜜丸沸腾干燥机。实验室设备及引进实验室仪器也都达到国际或国内医药行业先进水平。2004年12月24日通过GMP认证现场检查，并获得GMP证书。

⑨二期工程项目于2007年6月5日批准立项，6月27日奠基，7月18日正式开工，2008年3月底完成3个单体土建工程，6月底完成全部装修及设备安装，10月完成GMP认证。2008年底实现全公司技术搬迁，实现全公司生产一体化运作。

2. 技术产业化情况

①手工制丸生产：1996年全面实现内、外包装生产机械化，节约人力2/3。1997年全面实现药丸采用微波干燥生产工艺，微波生产线由1997年的1条增加为2007年的5条。

②机械制丸生产：1985年引进第一台机械制丸设备——日本LB－760型制丸机，单班日产量约1.2万瓶；1996年、2003年分别购置了国内机械制丸机，进行了生产工艺攻关，改进部件和配套设施。2005年6月，机械制丸两班日产量提高到6万瓶。2007年两班日产量达到7万瓶。2008年消渴丸车间整体搬迁到云埔新厂区，年产量达4 800万瓶。

3. 中一药业现有装备

中一药业拥有设备共3 834台（套），主要设备106台（套），包括：国外引进设备有内包装生产线6套、外包装生产线4套，制药设备有国内先进的提升式料斗混合机、高效薄膜包衣机、压片机、沸腾干燥机、铝—铝泡罩包装机、微波隧道干燥灭菌机、中药制丸机械化联动生产线等。

二、成立第一家中药研究所

我国中成药企业的现代化起步，从前店后作坊模式开始，掀开了工业化的序幕。而在此之前，中成药几乎都是在药店里以手工方式进行生产和销售。而20世纪70年代后期开始将生产和销售分开，加快了工业化的进程，企业开始建立技术科。但技术科主要是针对生产环节的技术研究。企业研究所的建立，则是对产品研究的开始，是中成药企业将科研摆到企业经营战略重要地位的开始。

中一药业真正建立现代化科研体系始于1981年，标志性事件是企业研究所的成立。在当时，是中国中成药企业的率先之举，也是国内中成药企业中第一家成立研究所的企业。

从中国药物研究体系进程来考量，中药一厂建立企业研究所，如今看来是一个非常具有前瞻性的举动。直至20世纪90年代，中国药物研究普遍存在的问题是研发与市场脱节，一些大专院校及独立的研究所，埋头于技术理论上的创新，却忽略了产业化进程，导致相当多的研究结果不是一纸论文搁置抽屉，便是一试产、投产便夭折或者宣告失败。在科研和技术上，中药一厂研究所几乎是从"一穷二白"的基础上开始的。1985年，研究所开始编制企业产品工艺规程，进入规范研究阶段。

1981～1985年，在研究所的努力下，中药一厂拥有了10多个新药，一举改变科研空白的局面。通过对外与大专院校研究所进行合作的科研方式，开发了包括消渴丸、滋肾育胎丸、乌蛇止痒丸、白蚀丸、心可宁胶囊、益肝颗粒、降气定喘丸、胃乃安胶囊、金佛止痛丸、鼻咽灵片等品种。这在当时的中成药业界，也是一项不可多得的成就。

1982年消渴丸项目被广东省经济委员会授予技术改革奖，1983年滋肾育胎丸项目被广东省科学委员会授予新产品开发奖，1985年降气定喘丸被广东省科学委员会授予科研成果奖，1986年胃乃安胶囊被广东省经济委员会授予新技术开发奖，1986年白蚀丸被广东省经济委员会授予科研成果奖……中一药业的品种结构，就此打下了基础。许多品种，至今仍然具有较为良好的市场空间。

1985 年之前，中药一厂以生产老品种为主，并没有将技术和研发当成企业经营的一个核心竞争力。而至 1985 年前后，中药一厂的技术创新体系已开始形成。与大学研究机构进行合作，如与广东省乃至全国都负盛名的中医药人才培养基地——广州中医药学院（现广州中医药大学）的合作，可以说，中药一厂与同时代的中药"大师级"人物走在了一起。滋肾育胎丸是根据时任广州中医药学院副院长罗元恺教授积累 20 多年治疗先兆流产的验方试验而成，获得了广州市重点科研成果奖。胃乃安胶囊是广东省名老中医梁乃津医师多年临床验方，由中药一厂与广州中医学院附属广东省中医院协作研制而成的中成药胶囊剂。

对于新药的基础性研究，中药一厂采取了内外合作的策略，即将相对困难的基础研究创新工作与外部的研究机构共同分担，或者以购买处方的方式，由企业研究所在后期开发上进行跟进。如中药一厂研究所的"便秘通"产品，处方来源于广东省中医院验方，药效学会委托广州中医药大学药理教研室进行，毒理实验委托第一军医大学（现南方医科大学）中医系毒理研究室，拆方研究委托广州中医药大学脾胃研究室，临床试验则与广州中医药大学附属医院、广东省人民医院等合作，质量标准委托广州市药检所、卫生检定所等单位。事实证明，这样的安排使科研工作得以穿插进行，从而加快科研进度，提高科研水平和新药市场的开发。

企业研究所当时的工作重心主要放在中药生产技术创新上，如改变提取方法、制造工艺，到后期进行生产过程中的定量、定性分析。

1985 年之后，中药一厂研究所开始参加创新药物临床实验方案的参与和跟踪，发现问题及时进行调整，成立药理临床组，参与到外部研究机构的整个研制过程中去。

在中药开发中面临的另一个问题是，由于药材和投料并不具备特别的差异性，同样是治疗某种疾病的药物，作用机制不同，用法不同，直接决定着该药物在临床使用上的应用前景。中药复方产品讲究的是差异化。在新药研发冒着巨大风险的情况下，20 世纪 90 年代采取的研发手段主要是对产品进行二次开发。

正是本着这种求实和创新精神，研究所为中药一厂的发展打下了一个坚实的科研基础。

第三节　营 销 突 围

一、中一营销模式

研发与营销，向来被认为是推动企业飞速发展的两个引擎，然而对于中国制药企业而言，在产品同质化竞争日趋激烈的背景下，营销越来越成为企业决胜市场的利器。仔细研究一些医药企业，在 5 年前大家均处于规模不相上下、势均力敌的状态，但是经过市场快速的变化和一番激烈的竞争后，适应市场发展的企业，便会脱颖而出成为行业的领头羊，而那些不适应市场的企业则面临生存的危机，有的甚至被市场所淘汰。

纵观中一药业的发展历史，从 20 世纪 90 年代末至今的 10 多年间，正是在中国药品市场变革最为激烈的时期。中一药业就是领悟了其中的规律，在激烈的市场变革中抓住了机会，通过制定适时的营销战略，从一个年销售收入不足亿元的中小型企业，一举成为中成药企业的"巨无霸"。尤其是凭借消渴丸等中药大品牌的崛起，成为中药行业领军企业之一。

如果从产品品牌的培养路径来看，中一药业营销战略分为两个阶段：第一个阶段是2003年以前，中一药业的营销体系着重于围绕拳头产品消渴丸展开；第二个阶段是自2003年后，逐步培养了胃乃安胶囊等数个核心产品。2006年中一药业正式提出，创新营销工作，初步树立"一切为市场，没有市场，就没有一切"的观念，将营销架构扁平化，医院、OTC及第三终端协同作战，加强市场终端开拓，当年即实现销售额7.63亿元，发展速度达到近5年来的最高水平。

近年来，中一药业的营销，基本上可以概括为"一个突破，两个阶段，三个创新"。

"一个突破"，就是打破了中国医药企业在培养单一大品牌产品的局限，而中一药业从2006年开始，又重点培养了另外几个产品群，并且显示了良好的增长潜力。

"两个阶段"，即从2003年以前以消渴丸为核心品种的营销战略，向后来的多品牌产品营销战略转变。

"三个创新"，即多年来一直贯穿中一药业市场营销工作中的3个主要特点：思路创新、品牌创新和体系创新。

（一）在市场经济中重生

中一药业在300多年的发展历程中，在营销战略上的创新一直走在同行前面。在某种程度上，没有营销创新就没有今天的中一药业。中一药业时时以市场为导向，尽力满足患者的需要，并且随着市场的变化而制定不同的营销策略。

进入20世纪90年代，中国开始由计划经济体制向社会主义市场经济过渡，企业也适时地由原来的生产导向型转变为市场导向型。

1996 年，中药一厂将供销科改组为供销经理部，细分各地区的销售和业务，确定了供销经理部经理及销售地区经理的职能职责，努力抓好发外商品货款回笼工作，先后制订和实施加速资金回笼和根据销售客户资讯分别控制发货，根据货款回笼情况让利促销等多项措施，并将追收旧债、加速资金回笼的责任落实到各专线及个人。

同时，企业注意改进和完善销售人员的经济责任制，以刺激和调动销售人员努力拓展市场和加速货款回笼的积极性，务求建立起最佳的营销网络，确保企业销售的稳定增长，使 1996 年消渴丸销售额首次突破 1 个亿。1997 年，在北京首先设立代理商，这是充分研究跨国公司的营销模式后重点引入的，在当时的国内企业特别是医药企业中还非常少见。到 1998 年，企业销售额已达 2.8 亿多元，比 1995 年增长 92.54%，实现利润 3 191.85 万元，比 1995 年增长 142.16%。

1993 年 4 月，中药一厂决定导入 CI 战略，在社会公众中竖立起一个鲜明的中一企业形象，使之成为广州医药行业中最早实施 CI 战略的企业。到目前为止中药一厂在社会公众中仍有着鲜明印象的中一企业形象。

从 1980 年起中药一厂被列为全国 21 家重点中成药企业之一，然而这只是从企业的实绩考察而来，当时的生产经营还未高度概括到企业的理念上，企业的品牌策略模糊，形象系统不完整，未能形成很强的产品优势和鲜明的企业形象。于是中一人继承企业原有的形象元素，吸纳必要的辅助性元素，使企业的视觉形象完整化、系统化和实用化，这就是中药一厂勾画 CI 设计的目的。

1993 年底，中药一厂完成了企业内部 CI 标志和基础工作，包括：中药一厂商标与标准字使用规范手册、企业证件、办公用品、宣传用品、交通工具、内外账票等；完成了名牌产品胃乃安胶囊、消渴丸的全套 CI 和广告定位，包括：产品包装、海报、广告牌、产品简介、报刊、电台和电视广告等。以点带面，新产品紫地宁血散、便秘通、山菊饮、龟苓膏都采用了 CI 包装设计。

这在现在看来是再简单不过的统一外包装设计，但在当时，除了外资企业，食品、饮料等快销行业，以及家电等竞争激烈的行业外，CI 还是刚刚兴起的时兴玩意。

在"八五"、"九五"期间，中药一厂不断改革包装技术，采用新的包装材料。在 1991 年实现了玻璃瓶改为高密度聚乙烯塑料瓶包装的改革。1993 年开始在包装上用条形码技术。1995 年在原塑料瓶口上增加了印有"中一"字样的药用复合封口膜，既加强了产品的防潮和密封性，又保证产品质量。由于复合封口膜的开启为一次性破坏，不能重复使用，从而又提高了包装的防伪、防盗性能。1997 年中药一厂完成了全部产品包装统一色调、统一图案设计和企业形象标志。

实施 CI 战略的中一牌产品系列新包装

从 2000 年开始，中国医药市场进入快速增长期，中国医药企业面临的竞争也日益激烈，一些新型医药企业在市场中日趋活跃，成为行业的领军企业。

与此相对应的，是制药企业在营销领域的创新也层出不穷，将整个市场搅得一片白热化。而中国的医药市场也在快速增长的过程中被分割为越来越明显的两大部分：一部分以医院为终端的处方药市场，另一部分是新型的 OTC 市场。全国数千家医药企业鏖战在这两大市场。

在这种大背景下，中药一厂开始了新形势下的营销战略再造。

（二）不断完善营销体系

2000 年，为进一步适应生产经营的发展，中药一厂销售部门在机构上进行了新一轮的调整，供销经理部吸纳了原经营部及外贸科，与贮运部、拓展部及广告部共同构成新的供销经理部，以便于统一规范内部管理和充分利用内部各项资源。

2001 年，在以往销售区整合成功的基础上，继续做好销售区的细分工作。新成立的销售区在 2001 年均取得较好成绩。另外，中药一厂还对营销人员的工作职能进行了调整，将销售、拓展和广告等工作分解到各销售区，要求营销人员直接面对市场，因地制宜地开展地区性的营销整体策划，配合做好终端市场的拓展和广告宣传策划工作。

随着市场状况的不断变化，中一药业加强了市场信息收集的力度，积极参与各地医药机构药品集中招标采购，妥善处理好没有标示有效期产品的退货，为企业的发展奠定比较好的信誉基础。

2005 年，中一药业开始着手建立新时期的深度分销体系，理顺销售渠道，稳定和发展商业销售。产品销售工作的重点是建立健全的中一药业产品深度分销网络，力求价格体系稳定、受控，市场流通有序、畅顺，确保企业对产品销售渠道可控，产品在市场渠道畅通，达到价格得以维护，销售得以提升的目的。

（三）得渠道者得天下

"得渠道者得天下"，这个理论尤其适用中国的医药市场。一方面中国的医药企业产品同质化严重、竞争激烈，如果没有稳定而庞大的渠道通路是很难大面积开拓市场的；另一方面中国的医药销售终端除了医院比较集中外，还有 OTC 药店、社区门诊等小终端分散在全国各个角落，如果没有强势的渠道资源，单靠企业的销售力量是难以到达这些市场的。因此中国的制药企业大多数都把渠道战略作为企业营销的核心，中一药业也不例外。中一药业营销的成功与其成功的渠道建设与管理有密切的关系。

中一药业渠道战略是伴随着中国医药市场的演变而逐步形成的，有其显著的特征。

在 1996 年以前，中一药业从早期的国营 5 大医药站到中小型民营医药流通企业的出现，由于区域性流通的特点，相互之间各自独立，较为分散，中药一厂在这个阶段主要以广泛开拓渠道为主，加大市场覆盖面，初步建立了覆盖到全国各级城市的一级商业渠道。这在中国国内医药企业中属于领先者。

在渠道管理上，较早提出并且实行了现款现货的销售模式。同时也创新性地实行产品控量发货及保证金制度，有效地规范了渠道价格，确保各级渠道的利润。依托渠道的有效开发及管理，2001 年，企业产品年销售突破 5 亿元大关。尤其值得称道的是炼就出消渴丸这个中国医药市场屈指可数的大品牌产品。

2000年以后，九州通等一批新型医药流通企业的建立，打破了原有的流通格局，并且创造出快批等新的盈利模式。在竞争越来越充分的条件下，商业利润率下降趋势日益明显，流通业开始了新一轮战争，争夺的重点围绕终端网络和寻求领先的盈利模式展开，由此又引发了一场争夺渠道资源的整合之战。

中药一厂敏锐地抓住了这次机会，适时地对经销商进行重新筛选，对原有营销渠道进行整合，将渠道价值链缩短，减少经销商数量，并与九州通等全国较大规模的医药流通企业建立了直接的业务关系，实现价值共享，更好地为消费者提供快捷便利的服务。

2003年，伴随着平价药店的出现和医药行业第三终端全新理念的提出，转制后的中一药业再次认识到只有强化渠道和终端的开发，做好消费者宣传及品牌塑造，使得企业人文关怀的理念能深入基层，才是企业得以继续发展的基石。这期间，中一药业对渠道管理进行了重新整合，对原有渠道进行了重新分类和重新布局，以围绕终端市场开发作为构建一、二级商业渠道的基础，并在渠道管理中加入内控制度，保证营销渠道能够畅通和高效运作，为中一药业的可持续发展创造了良好的条件。

经过多年的努力，目前中一药业已经形成了完善的渠道网络，核心渠道商业有80家，二级渠道商业有800家，构建了辐射省、地、县以及覆盖医院、药店、第三终端的"横向到边，纵向到底"的营销网络，保证了中一药业产品源源不断地输送到全国各地的每个角落。南到中缅交界的边陲小镇，北到黑龙江漠河的乡村药店，都有中一药业的产品在销售。

（四）医院和 OTC 销售策略

在 OTC 与医院两大终端具体的产品流通渠道策略上，中一药业也形成了自己独特的模式。

尽管品牌的塑造在开发 OTC 市场时有决定性的作用，但渠道关系也不可忽视。很多医药企业在开发 OTC 市场的过程中，就是因为过分注重广告宣传且集中火力从空中轰炸，而忽略渠道的建设和维护，导致企业产品生命周期缩短，甚至昙花一现。

特别是在广告宣传受到限制的情况下，渠道的建设显得尤为重要。在目前的 OTC 市场要想获得成功，一方面需要出色的广告宣传策略，另一方面还要加强与渠道的紧密合作。

按照传统的渠道建设思路，由企业抓住总经销，再由总经销抓二级批发商，由二级批发商到零售商，再设立合理的层级利润网络，似乎立即就能迅速建立起庞大的渠道网络。但这种织网策略，只适合于有实力、大品牌的保健品企业和要有大规模的广告投放来支撑。对于一般的制药企业而言，即便能找到有实力的总经销商，一旦战线拉长，广告的投入、市场的维护则无法跟上，随之产品动销率差，二批产品的管控能力差，长此以往，整个渠道网络将难逃崩溃噩运。

鉴于此，中一药业在产品流通渠道的建设中采取了"降低营销重心"和"分步走"的战略规划：

一是降低重心，以地级市为核心进行市场拓展。每个地级市只设立一家经销商，以保证价格、通路的稳定，同时保证其利润，提高积极性；以地级市为核心进行市场推广，降低营运费用；组建营销队伍协助经销商深入乡镇市场，建立和完善面向乡镇终端网点的配送体系。

二是分步走，"以点带线，以线成面"。在原始选定的地级市场开发成功的基础上，再各自开发周边县，逐步扩展延伸。在此基础上，选定实力强的总经销商，以降低配送与运营管理成本，借用其资源，进一步做深做透市场。

（五）OTC 市场的中一模式

OTC 市场历来是中一药业重要的根据地，在这个蓬勃发展的市场上，淘金者日益增多，尤其是对于中药企业，近年来更是面临一些中小企业跟风产品的终端拦截。如何应对新的形势成为考验品牌中药企业的一个难题，中一药业采取了渠道和终端双管齐下的措施，在 OTC 市场精耕细作，实现了品牌和销售稳步上升的局面。

在具体的渠道维护上，抓住区域内重点终端，归拢渠道。对特 A 类终端（城区内连锁药店、中心药店、大型单体药店）进行重点维护，对一般终端则采取一般维护，确保产品的正常流通和资源的合理配置，迅速形成市场的良性循环。

铺货网点的开发商，不但重视铺货数量，更重视铺货质量，树立"网点质量比数量更重要"的观念。

目前医药市场形成过剩的买方市场局面，消费者理性消费程度日渐增强。各企业在终端争夺异常激烈，对非强势的新品牌而言，由于缺乏消费者忠诚与老客户群基础，在没有强势的广告拉力下，在终端自然走量的可能性非常小。

对此，中一药业采取了以拉动终端消费的方式来向经销商和零售商推销产品。在具体的终端策略上，为适应快速变化、竞争日益激烈的终端市场，达到在终端产生增量的工作目标，企业对市场进一步细分终端药店，分为连锁药店和单体药店两个板块进行操作。集中力量投入连锁药店，开展终端推广项目，即对终端进行细分，根据不同类型的终端开展不同的活动，签订连锁战略协议，如与大型直营连锁店（连锁总部掌控能力强的连锁药店）签订首推、促销合作协议。对单体药店，通过连锁总部，实施终端拦截。如店员积分店：大卖场、连锁分店（连锁掌控能力单体积分店）、店员积分、销售竞赛；单体积分店：按季度开展积分奖励活动、店员教育、消费者教育、促销。

为了发挥中一药业在广东地区的超强品牌优势，配合中一药业打造华南地区最大的消化道药品生产基地，在广东市场将中一药业所有的消化道系列药品在终端做统一推广：一是买断药店端架或货架进行集中陈列，利用POP等物料形成立体化包装；二是编写消化类疾病用药指导手册，面向店员和消费者发放；三是利用多产品组合推广在终端形成优势，使得店员和消费者遇到消化道疾病时，第一个想到的就是中一药业的产品；四是制作产品试用装，作为家庭常备良药套装，加上消化道疾病用药指导手册开展买赠或以公益性活动形式向消费者派发，引导更多消费者接受中一药业系列产品。

（六）巩固医院终端

中一药业之所以能在竞争激烈的糖尿病药品市场培育出消渴丸这样年销售在5亿元之上的重磅炸弹，除了产品在疗效和质量方面的领先之外，另有一个重要原因，即其遵循了中国大品牌产品培育的领先法则，将其在医院与OTC终端双线推广，以医院销售带动OTC零售终端的市场销售。从2002年开始，由于制药企业在医院市场的开拓中遇到各地中小商业以及营销自然人的强烈挑战，营销成本居高不下，再加上医院销售由于招标和降价等因素造成产品销售价格一路下降，企业利润呈现下滑的趋势。为节省运营成本，一些老牌药企业削减销售队伍，将产品交给各地的经销商来运作。但取消销售队伍所带来的负面影响是企业的市场开拓将停留在粗放经营的层面，失去了对医院市场精耕细作的能力。

相反，中一药业没有受此潮流的影响，反而加强了在医院终端队伍的建设，很快便显现出强势效果。

2006 年，中一药业营销部专门组建了医学部，负责对医院终端的精细化运作和管理。首先是扩充了终端医药代表的数量，并提高其素质和工作能力，在扩充队伍的同时，不断对医院推广队伍进行考核和评估，优胜劣汰，并按需吸纳人才，组建更高素质的推广队伍。从 2008 年开始，中一药业要求医药代表的学历必须是医药专业大专以上，并且有相应的工作经验，此举大大提高了医药代表的整体素质。

为塑造一批高素质人才，中一药业对医药代表有步骤、有目标地进行了培训，以满足消渴丸等产品在高端专家的维护和品种销量的要求。

2008 年，中一药业在此基础上又组建了专门的学术队伍，使其销售更加科学化，并逐渐与跨国公司的领先医院销售理念接轨。

组建的学术队伍主要包括学术经理、学术专员以及培训经理，通过维护高端专家，由这些专家向基层医生传播产品的信息，形成自上而下的学术推广体系。

学术队伍的主要职责是负责收集、整理和编写最前沿的产品学术资料，向专家进行文章征集活动、邀请重要专家参加学术会议等，与高端专家建立起紧密的联系，再通过邀请高端专家在卫星会议以及学术讲座上发表专题演讲，在核心专业期刊上发表产品应用的心得体会或临床观察文章，不断地向基层医生传播产品的信息，从而在医生群体中实现"以点带面、自上而下"地进行产品学术推广，提升产品在医生中的知名度。

事实证明，通过学术队伍的建立，为销售提供了更有力的保障，在医院的销售工作中起到关键的作用。

医学部每年都能在整体上完成企业下达的销售任务，特别是乳核散结片等一些医院重点产品每年都能超额完成销售任务。

医学部根据学术推广的需要，在专业媒体进行宣传，每年有选择性地参加中华医学会及各省市医学会组织的内分泌学学术会议、糖尿病学分会组织的国内/国际学术交流活动，在会上宣传磺脲类或者中西医结合治疗糖尿病的优势和特色；还参加了普外科、乳腺病专科等学术会议并进行会后跟进拜访和协助专家发表相关学术论文，在大型年会上举办相关专题卫星会，在"11·14世界糖尿病日"开展咨询活动，维护和提高产品学术地位，加强与专家的日常关系维护。通过不断地参加各种学术会议，不但提高了中一药业及产品的知名度，也带动了医院的销量，并通过对专家学者赠阅杂志达到在目标群体迅速提升影响力的作用。

每年有选择性地参加或组织各种学术会议

2009 年首届全国糖尿病及代谢性疾病与肾脏病学术会议

医学部还负责临床实验的开展，以科研资助的形式，联合权威性高的、知名度大的大型三甲医院，开展高水平的科研项目，既维护高端专家又促进医院销量，还获得支撑产品的临床数据。例如，联合北京大学糖尿病研究中心开展的"863 计划"项目、消渴丸循证医学研究，联合北京协和医院开展的消渴丸增敏机制研究，联合上海第六人民医院开展的"消渴丸保护胰岛细胞作用机制研究以及消渴丸与阿卡波糖合用机制研究"等数个研究项目。

（七）进军第三终端

2005 年，长期以来医院和药店两大终端把持药品市场的局面发生了改变，由农村市场派生出的一些中小终端显示出强劲的增长势头，大有和医院、药店终端三分天下的态势，很快这些终端就被医药业内人士赋予了一个新的称号——第三终端。

按照专业的提法，第三终端就是那些既不是医院也不是药店的地方，包括城市、城乡结合部以及农村地区的小诊所，卫生服务所，乡镇卫生院和民营卫生院，尤其是在广大的农村地区，这些终端逐渐演变成为药品销售的主渠道。当大部分企业还在为如何开发传统的两大终端苦寻良方的时候，部分先行者已经在第三终端的开发中淘到了第一桶金。先行者中就包括了中一药业。

中一药业从2006年投身到第三终端的"蓝海战役"中，并且在医药企业中首先成立第三终端部专门运作这个全新的市场。其实面对的这片"蓝海"并不平静，2005年开始即不断有企业加入这个战团，其中不乏大型外资企业。

尽管困难重重，但中一药业始终抱着积极的态度，知难而上，排除障碍，确保市场开发工作的顺利开展。

首要的工作当然还是渠道，一切资源都是围绕渠道开展工作的，当时中一药业销售部首先通过深度分销会议的形式，与一级和二级经销商到第三终端市场召开会议，通过会议形式使终端客户了解中一药业产品和企业状况以得到其认可，有效地为中一药业积累了县级市场的终端客户档案和数据，建立了良好的终端客户资源。

第三终端渠道建设从原来以医药公司为主，到铺建终端平台进行推广，实现质的改编，逐步实现将终端客户把握在自己手上，归口到指定渠道，由被动变主动，以终端拉动销售，使得经销商有信心经营中一药业的产品。

二、品牌传播

品牌是企业的生命，是企业经济效益和社会效益的结晶，是企业一棵生生不息的"摇钱树"。对于医药企业而言同样如此。从近10年中国医药企业发展的历程来看，品牌的塑造是支撑企业成功的重要因素，在市场化竞争激烈的OTC市场,品牌已经成为企业决胜的利器,而在医院处方药市场,成功的品牌战略也是力助企业成功的重要因素。

中一药业市场营销战略的成功,既有符合市场规律的产品定位和渠道以及终端战略,又有成功的品牌战略,无论是企业品牌还是产品品牌都是中药企业的领先者。

(一)中一药业商标演变历程

中一药业的商标中一牌图形在1988年开始使用,是以中国为第一注册地的自主品牌,在加拿大、俄罗斯、泰国、印度尼西亚、新加坡、马来西亚和香港地区均有注册,曾先后获中国市场医药产品十佳畅销品牌、中国著名品牌、百姓放心药品牌、消费者认可的优质信誉品牌、消费者喜爱的知名品牌产品、广东省著名商标、中国著名品牌、中国广州市场(中成药)最具竞争力品牌等称号,以及美国国际品牌策略研究中心美中企业家协会颁发的"美中著名品牌"。

中一牌图形商标及云埔厂区的中一标志

中一牌红棉花样图形商标是在1987年发动企业全体员工进行征稿,后期经过不断改进而形成的。该商标具有现代美感，构思巧妙，寓意深刻——以广州市市花木棉花（又称英雄花）为外轮廓，代表广州地区，而且采用直线描绘成五角形，强直有力，有别于圆形、方形、菱形等常用外形。喻示中一人不屈不挠的创业精神。"中一"两字清楚明了，代表中药一厂。用汉字组成是纯中药制剂的意思。"中"字形似大树，枝叶繁茂；左右两个圆形似果实又似从大树中提炼出来的药丸，如珍珠般名贵、纯洁、透明，是治病的良药，有可信赖感；中线寓意开心通窍，坚定信念；整个"中"字取斜势，两边稍错开，有动感，象征企业活力无穷；右下形似胶囊的"一"字又说明品种多样。整个图案形象鲜明、醒目、易识、易记，美观大方，并喻义广州中药一厂产品果实累累，造福苍生，更充分展示了企业的服务理念：嘘寒问暖，始终如一。

中一牌图形商标是 1987 年开始设计，1988 年 1 月定稿并于当年的 1 月 18 日在广州友谊剧院的厂年度表彰会上，首次使用中一牌图形的徽标。从这次表彰会后，中一牌图形正式在厂旗、销售会等场合开始使用。经过一段时间使用，证明中一牌图形商标具有发展性和显著性，因此在 1990 年 3 月申请报批，1992 年正式注册成功，注册证第 588610 号。当时的商标注册持有人为中药一厂，1997 年由于广州药业在境外发行 H 股上市，广药集团将其属下的企业资源整合，资产进行重组，作为上市的子公司之一的中药一厂将商标的所有权归到广药集团名下，而中药一厂是该商标的唯一合法授权使用人。

1992 年由于当时企业内有 300 多个产品，使用 4 个商标（鲤鱼牌商标、镇海楼牌商标、仙橘牌商标、中一牌商标），而中一牌图形商标当时首先在企业形象宣传中（例如，宣传品、厂名、会议宣传）使用，到1994年初开始在产品中冠上中一牌图形商标，并沿用至今。之后，2000年中药一厂兼并广州众胜药厂后，所有原众胜产品均改换为中一牌CI产品包装系列，同样采用中一牌图形商标。该图形商标在全国各地的医药行业中也达成共识，同时也得到消费者认同。

（二）品牌传播长期坚持

1997年，中药一厂制定实施品牌发展战略，历经了1997～2003年的发展提升战略和品牌二次开发工程两个阶段，持续7年的时间，累计投入广告宣传费用近1.8亿元。中一牌图形商标的广告主要采取在中央电视1台、6台等各级电视媒体和电台、报纸、杂志、路牌、广告招牌、飘旗、冠名、海报、社区、列车等进行立体传播，宣传范围覆盖全国的各省、区以及广大城乡。大体上，中药一厂的品牌传播，先后经历了3个阶段：

第一阶段，1988～1996年为中一牌图形商标的认知阶段。中一牌图形商标由1988年开始在企业形象宣传中（例如：宣传品、厂名、会议宣传）使用，到1994年初开始在产品中冠上中一牌图形商标，开始采用系统的CI理念来设计商标在包装品上的使用。

第二阶段：1997～2002年为发展提升战略阶段。中药一厂在仅仅6年时间销售额平均以26.67%的幅度增长，利润突破亿元大关。企业先后荣获全国五一劳动奖状，以及全国质量效益型企业、全国大二型企业等称号，1997年列入全国中成药企业50强单位，1999年评定为广东省创新优势企业，2001年获得全国质量效益型先进企业、全国用户满意服务企业、全国重合同守信用企业、全国质量管理小组活动优秀企业等称号，消渴丸和胃乃安胶囊获得广东省名牌产品证书，并成为广州地区 20 家广东省名牌生产企业之一。

在此期间，中药一厂主要以终端、培训为促销平台，同时借助电视、报纸、杂志等立体传播媒体来拉动，1997 ~ 2002 年，累计投放宣传费用 1.8 亿元，实现年销售额超过 6 个亿。

第三阶段：2003 ~ 2006 年为品牌二次开发工程阶段。中一药业实施品牌提升战略、品牌二次开发工程，向国际化品牌靠拢。2003 年再次被评为全国质量效益型先进企业、全国守合同重信用企业，位列 2003 年中国广州最具竞争力制造业和高新技术企业 100 强第 16 名及 2003 年中国广州最具诚信度企业 150 家第 60 名；2004 年被定为广东食品药品放心工程示范基地。中一药业在努力争创中国名牌的同时，计划未来 5 ~ 10 年形成 10 亿元人民币的销售规模，打造全国治疗糖尿病药品生产基地及华南地区消化道药品生产基地。

2003 年度中国广州最具竞争力制造业和
高新技术企业 100 强第 16 名牌匾

在此期间，中一药业以品牌提升整合终端传播战略，以电视广告、终端形象、现场促销等多种宣传媒体组合，2003年投放宣传费用 3 944 万元，2003～2006 年投放宣传费用 1.6 亿元。

中一牌图形商标历经 10 多年全方位的广告战略宣传，品牌知名度在全国相关公众中广为知晓，并享有较高的声誉，是中国中医药行业发展较快，并具代表性的企业品牌。

三、经典营销案例

在中一药业创新营销体系中，系列动态营销事件的策划是区别于一般医药企业传播战略的重要部分，通过一个又一个营销事件的成功实施，形成了中一药业具有核心竞争力的营销能力，从而推动了整个企业品牌的飞跃。

近年来，中一药业在行业内引起轰动的大手笔营销事件层出不穷，有些堪称中国医药营销史的经典案例。

（一）足球营销

2008 年 2 月 26 日，中一药业、广州医药足球俱乐部在白天鹅宾馆联合召开新闻发布会，中一药业斥资 2 000 万元取得 2008 赛季广药足球队副冠名权。这支足球队当年以"广药中一足球队"的名义征战中超赛场。这不仅是广州中一药业发展历程中最大的单笔广告投入，也是 2008 年国内制药企业在体育营销领域做出的最大动作，中一药业如此大手笔的投入也令业内人士震惊。

随着北京奥运会的临近，从 2008 年起，医药企业对体育营销的"热情"骤然升温。继"强生"成为 2008 年奥运会合作伙伴，在全球市场上掀起奥运风暴后，国内其他企业也不甘落后，先后冠名赞助所在省份的足球俱乐部。种种迹象表明，众多药企已对体育营销发起了"总攻"。

赞助体育赛事要获得可观的回报，必然要关注那些"吸引眼球"的体育赛事。一般来说，这样的投入都价格不菲。以中一药业一次冠名投入的 2 000 万元巨资为例，即使用在央视这样的强势媒体做广告，也不是一笔小数目。而且之前也有药企败走体育营销的先例，由此，也有营销专家把投巨资介入大型赛事，称为药企营销的双刃剑。

显然，此次中一药业投重金在足球赞助商上显然面临着一定的风险，但后来的事实证明，中一药业用理性的决策和完善的体育营销策略，将这些风险转变成了收益，为医药行业的营销事件增加了一个经典案例。

事实上，中一药业一向有借助体育营销的经验，并由此尝到了甜头，积累了丰富的经验。

2000 年，广州太阳神足球队主场经营陷入困境，中药一厂以 300 万元的价格包下广州足球队的主场经营权。当时正值企业的主打产品"消渴丸"走向全国，借着广州队主客场的比赛机会，这个拳头产品收到了极好的宣传成效，当年销售增长率超过 20%。

在 2004 年度，中一药业更是副冠名广州足球队，副冠名及球衣胸前广告费用与常规媒体宣传的费用对比（赞助足球运动的企业品牌附加值部分未计）：投入了 600 万元，当年所产生的广告效益相当于做 3 000 多万元广告的效应——中一药业主打产品"消渴丸"的营业额增长了 30%。

2006 年中一药业在足球体育营销上投入 630 万元，得到的回报收益为 1 338.03 万元，投入产出比为 212.39%。

2007 年中一药业在足球体育营销上投入 550 万元，得到的回报收益为 1 967.21 万元，投入产出比为 357.67%。

冠名广州足球队前的2007赛季，在广州市政府的指导和广药集团的部署下，中一药业提前两个月策划了最后一个主场的嘉年华颁奖活动及冲超成功庆功大会，借助中甲联赛这个平台，扩大企业的品牌宣传效应，当年实现销售额8.78亿元，增长了1.15亿元，增长率达到15%；净利润9 441万元，增长了1 000万元，增长率达到12%，拳头产品消渴丸的销售额6.17亿元，同比增长近1亿元，成为全国第二大口服糖尿病药物，实现了与广州足球的共同发展。

2007年中甲最后一个主场比赛赛后合影

相关链接：

摘自《广州日报》。2007年10月27日

广药冲超后招商甩出大手笔　俱乐部冠名逾3 000万

　　2007年中甲联赛虽然还没有结束，但已经完成冲超任务并夺取本赛季中甲冠军的广药队（广州医药足球队，下同）已经开始为明年的中超联赛作打算。沈祥福在考虑明年

中甲冲超庆功大会

（2008 年）球队的引援方案，有意召粤籍球员回归；教练组开始策划下一赛季前的训练计划……

　　所谓"兵马未动，粮草先行"，广药足球俱乐部的招商引资工作也将在下周开始，球队冠名、球衣广告和球衣赞助的工作都将全面铺开。2006 年和 2007 年，广药队虽然身处中甲联赛，但依然拥有火爆的球市和巨大的广告资源。冲超成功的广药队如今更成为众多企业眼中的"香饽饽"。就拿广药队明年在中超联赛的球队冠名来说，除了广药集团旗下各企业希望参与竞标之外，广州市不少大企业都表示对此很有兴趣。为了公平竞争，广药足球俱乐部有意在近日对球队冠名进行公开竞投。最后，中一药业夺得球队 2008 年冠名权，广药队以"广药中一足球队"的名称征战中超联赛，并取得联赛第 6 名的好成绩。

（二）健康新长征活动

在国内糖尿病药品市场上，中一药业一直是集中火力猛攻城市市场。但事实上，农村糖尿病药品市场已越来越引起国内药企的关注。在国内厂家多以普药打天下的情况下，抓住第三终端市场将可能成为企业获取市场话语权的突破口之一。

首先是第三终端这个市场在持续升温，据 SFDA 南方医药经济研究所时每医药信息有限公司研究人员介绍，糖尿病用药市场多年来呈现整体持续上升态势。在发病规律上，具有北高南低、东高西低、经济发达地区明显高于经济落后地区、城市人口患病率高于农村、大城市人口患病率高于小城市等特点。

而从用药金额上看，根据中华医学会预防医学分会的数据，以目前我国每年新增 150 万糖尿病患者来推算，糖尿病口服用药市场容量平均每年将净增 2 000 万元左右，加上患者需要终身服药等因素，我国糖尿病口服用药市场的规模在未来几年内可能突破 180 亿元大关。与上述数据表明的糖尿病发病率持续上升所不相称的是，目前市面上的糖尿病药物还存在很多缺憾。

一个重要的现状是，相当多的糖尿病患者血糖控制状况依然不佳，所以，市场期待更为方便的糖尿病治疗技术。比如，尽管市面上口服降糖药种类繁多，但迄今为止还没有哪种药物能够凭一己之力将 2 型糖尿病患者的 HbA1c 水平长期保持在目标范围之内。但最近的一项国家政策则给这个市场带来了利好。

早在 2007 年初，卫生部疾病预防控制司（简称疾控司）副司长肖东楼就表示，国家将进行一个惠及 5 亿人口的全国性防控计划。其中包括制定一个由中华糖尿病协会（CDS）

执行的全国性糖尿病防治方针，再由医院和社区医疗中心创建和成立一个糖尿病管理模式，归由慢性非传染性疾病预防控制中心管理。

针对这一亟待关注的问题，卫生部疾控司和中华医学会按照实践"三个代表"重要思想与要求，响应党中央、国务院关于解决"三农"问题的部署，决定共同主办健康新长征活动，力求把对农村卫生工作的支持落到实处。

2004 年 10 月至 2007 年 6 月，中一药业全程独家协办了卫生部和中华医学会联合主办的健康新长征活动。当时的计划是希望通过此次培训，参加人员将作为防治糖尿病的骨干力量，在今后基层糖尿病宣教工作中继续发挥作用，为提高我国糖尿病综合防治水平作出贡献。中华医学会农村工作委员会将带领高水平的专家队伍走向基层，将最新的糖尿病临床诊疗信息带给广大基层医生，向广大基层患者普及糖尿病防治知识，倡导健康的生活方式。

健康新长征活动前后历时近 3 年，行程约 11 万千米，总计在全国 23 个省、市、自治区 460 个市、区、县级行政区域内成功地举办了这一项活动。对 8 000 多家基层医疗单位的 32 461 名县级、乡镇基层医生进行了糖尿病防治知识培训；各省参与项目单位共 1 200 家，并开展了近 200 场义诊咨询活动，使 2 亿多农村人口受益，是迄今为止我国耗时最久、行程最长、普及最广、规模最大的糖尿病防治科普教育活动。

健康新长征活动是目前国内药企参与的全国范围内最大规模学术活动，对于中一药业的影响主要体现在：

1. 这次活动的举办极大地推动了基层糖尿病防治工作的进展，受到了基层医务工作者和当地病患者的欢迎，为糖尿病知识的普及与发展开拓了新的形式，奠定了坚实的基础。

国内流行病学资料显示，目前全国糖尿病患病率达到3.31%，全国糖尿病患者总数为 4 000 万人，糖尿病及其并发症造成的危害巨大，73.2%左右的患者有 1 种以上的并发症。基层与农村糖尿病防治问题应该引起重视，基层农村人口的防病保健意识比较薄弱，所以基层与农村存在糖尿病暴发流行的危险。

2. 中一药业这种模式开创了基层市场的药品营销新模式。以往大多数企业在基层市场都依靠简单的渠道销售，不愿意像在城市市场那样投入学术资源进行培育，使得这些基层市场缺乏专业知识的传播，成为学术营销的空白地带。中一药业及时将学术营销引入基层市场，不但有利于基层医生专业知识水平的提高，而且能很好地传播企业和产品品牌，为产品销售打下良好的基础。

这一活动同时极大地推动了基层糖尿病防治工作的进展，并受到了基层医务工作者和当地病患者的热烈欢迎，为糖尿病防治知识的普及与发展开拓了新形势，并奠定了坚实的基础。

健康新长征活动剪影

（三）借力陈晓旭事件

中一药业在事件营销上拥有丰富的运作经验，从2007年开始，其事件营销策划已经不仅仅限于学术会议和大型活动等专业的领域。在对于个人和一些轰动全国的事件上，只要有与自身产品或企业相关的因素就能迅速展开即时的事件营销。这些突发的新闻事件营销和健康新长征活动以及足球营销互为补充，保证了中一药业产品以及企业品牌传播的连续性和冲击性。陈晓旭事件的策划便是一个很好的例子。

2007年5月22日，电视连续剧《红楼梦》中林黛玉的扮演者陈晓旭，因患乳腺癌病故的消息引起演艺界和社会各界的广泛关注，成为当时轰动整个社会的新闻事件，而陈晓旭的死因一时间成为人们关注的焦点，很快，有关乳腺癌的讨论便成为热点。

而中一药业的主要纯中药产品——乳核散结片，有舒肝解郁、软坚散结、理气活血的功效，为用于治疗乳腺囊性增生、乳痛症、乳腺纤维腺瘤等疾病的绿色良药。

中一药业市场部敏锐地觉察到本次事件的营销意义，很快便制定了完善的策划方案，主要集中在以下3个方面进行：

①以乳腺健康为主概念，整合乳腺癌与乳腺增生的差异。

②坚持公益导向，以服务、引导社会的"乳腺健康"为宗旨。

③主动出击，与权威机构协作。

具体的操作思路为：

①活动。利用20~40岁女性对乳腺健康的关注时机，开展公益性的科普宣传，呼吁大众对乳房健康重视。借机宣传中一药业的品牌和产品，以达到促进销售的目标。

广州中一药业有限公司支持中国百万妇女乳腺普查工程，印刷预防乳腺癌及如何做好乳房健康保健的宣传单张5万~

全国乳腺 VIP 专家临床交流会

"广州中一药业关爱女性健康行"大型公益活动
在云南地区隆重举行

10万份，在北京（朝阳CBD、SOHO）、上海（陆家嘴、徐家汇）、广州（中信）、深圳（帝王）、沈阳、武汉、哈尔滨、西安、成都、重庆、长沙发放。

②宣传。对公益活动本身，运用网络媒体的快速和广泛性，进行大量后续报道，在文章中将陈晓旭与乳核、乳腺健康等链接。

③借力事件营销。通过设置网络专题引发热点讨论，如企业冠名知名网站的乳房健康主题网络调查（新浪、TOM），引发大众广泛参与，提升产品的知名度。调查内容设置：财富与乳腺癌的关系、新老黛玉与乳腺健康、宗教与乳腺癌。

调查与相关新闻进行链接，且可链接专门网页。规划内容有：乳腺健康知识、关于"陈晓旭与乳腺癌"的精彩网文、网友论坛、企业与产品链接等。

调查本身得出的结论与调研数据可作为下一步的新闻报道素材，如90%的调查参与者呼吁"新黛玉们"带头关注乳腺健康等。

④启动中一药业乳腺健康倡议书发布计划。该计划通过在北京、上海、广州、深圳、沈阳、武汉、哈尔滨、西安、成都、重庆、长沙等全国大中城市，派发约12万份乳腺健康倡议书，倡导全国主要大城市的女性关注自身乳腺健康。倡议书中列举了乳腺癌和乳腺系列病对女性的危害，提醒女性关注乳腺健康，介绍女性保护乳腺健康的常识，实行了百万妇女乳腺普查工程和倡导支持企业的义举。

相关链接：

一、倡导全国十大城市女性关注乳腺健康倡议书

亲爱的广大妇女同胞们：

近年来，我国乳腺癌的发病率和死亡率迅猛增长，据不完全统计，我国每年有20余万妇女患乳腺癌，4万余名妇女死于乳癌，乳腺癌成了城市中死亡率增长最快的癌症。除此之外，我国有约70%的妇女患有各种各样的乳腺疾病，乳腺疾病严重威胁我国妇女的生命健康，乳腺癌等恶性肿瘤的迅猛增长成为阻碍我国和谐社会建设的重要因素之一。有鉴于此，中国百万妇女乳腺普查工程和广州中一药业有限公司共同倡议全社会关爱女性健康，关注女性乳腺疾病。针对乳腺疾病采取以下措施：

1. 减少脂肪摄入量，多食蔬菜、水果，多参加体育锻炼，避免或减少精神、心理紧张因素。

2. 青春期前避免不必要的X线及其他电离辐射。

3. 选择合理的生育年龄，避免过晚生育，坚持母乳喂养。

4. 更年期减少使用雌激素替代剂，必须使用时应在医生指导下进行。

5. 提倡20岁以上妇女每个月坚持乳房自我检查。

中国百万妇女乳腺普查工程引进国外先进的分辨率较高的乳腺专业影像诊断技术，并按国际标准严格培训专业人员，计划在全国选择100家左右有资质的医疗机构为普查定点单位，用6年左右的时间为100万名35～70岁的妇女每人提供4次符合国际标准的乳腺检查，建立我国妇女的乳腺数据库，这是一项我国公共卫生的系统工程，也是一项关爱妇女健康

创建和谐社会的公益工程。

为了支持中国百万妇女乳腺普查工程，关爱女性健康，广州中一药业有限公司向"中国百万妇女乳腺普查工程"捐赠 2 万元抗癌基金和价值 10 万元药品一批。

倡议方：百万妇女乳腺普查工程

广州中一药业有限公司

2007 年 5 月 17 日

二、中一药业关爱女性健康，关注女性乳腺疾病的系列文章

关爱女性　直面乳腺增生

乳腺增生病是以乳腺腺泡、导管的上皮组织细胞及结缔组织增生为基本病理变化的一类疾病的总称，是一种既非肿瘤又非炎症的乳腺病变。其主要临床特征为乳房肿块和乳房疼痛，一般常于月经前期加重，行经后减轻。中医统称为"乳癖"，并根据病机以及症状的不同将其分成肝郁气滞型以及冲任不调型。由于乳腺增生症中的一小部分以后有发展成为乳腺癌的可能性，所以有人认为乳腺增生病为乳腺癌的癌前病变。

乳腺增生病发病率约占育龄妇女的 40%，而占乳房疾病的 75%。有报道认为，在城市妇女中，每 20 人就有 1 人可能在绝经前发现此病，是最常见的乳房疾病。早在 1978 年全国肿瘤防治会议就将非典型乳腺增生列为乳腺癌的前期病变，故对本病的治疗尤为重要。

近年来，众多医家对乳腺增生病做了大量研究，积累了

丰富的经验，认为该病主要是由于内分泌系统失调所致，表现为机体内黄体酮、孕激素分泌过少，雌激素（特别是雌二醇）相对增多，致使雌激素长期刺激乳腺组织而发生的增生性病变。目前西医多采取口服激素类药物治疗，必要时予以手术治疗，但具有一定局限性，尚无理想的治疗手段。传统中医理论则根据其病机辨证论治，常收到较好疗效，具有独特优势。

1. 口服激素类药物治疗

又称激素治疗，能达到减轻疼痛、缩小肿块的目的，因其用药量小，服用方便，曾被多数患者所接受，但会有不良反应，很多患者感到恐慌和困惑；所以内分泌治疗虽能取得一定疗效，但治标不治本，停药后极易复发；长期服用，会有诱发子宫内膜癌的风险，还可能会引起扰乱人体激素之间的平衡，故不宜做常规应用。

2. 手术治疗

可以去掉肉眼看到的增生肿块，而不能消除人体内或血液中形成增生肿块的原因，且也易复发，尤其是会影响外观，患者更不易接受。

3. 传统中医药治疗

中医药在治疗乳腺增生病中有着独特优势，常采用疏肝理气、活血化瘀、消肿止痛、通络散结的口服药物，疗效较好，副作用小。目前国内此类药物较多，但作用效果参差不齐。广州中一药业有限公司独家生产品种乳核散结片，精选当归、柴胡、黄芪、郁金、光慈姑、漏芦、昆布、海藻、淫羊藿、鹿衔草10余味道地药材，严格遵循君臣佐使的组方原则，具有良好的舒肝解郁、软坚散结、理气活血的功效。针对现代女性，工作压力大，容易过于紧张、气愤、肝火郁结没有及时疏导引致的乳腺增生有很好的抑制和清除效果。

中医认为，乳腺增生的基本病机是肝气郁结、痰凝血瘀、冲任失调。乳核散结片针对其病因，防治兼备，从 3 个层次（分子、器官、整体），立体靶向，消除、抑制乳腺增生。分子水平：含舒肝解郁药物，从分子水平调节雌激素，改善对乳房的不良刺激；器官水平：含活血化瘀药物，消除乳房肿块，缓解乳房疼痛；整体水平：含软坚散结药物，具有改善黄体酮功能的作用，减少颜面色斑的形成。

"白骨精"为何易患乳腺病？

健康的乳房是女性胸前一道亮丽的风景线，但乳腺癌、乳腺增生、乳腺疾病却使女性胸前危机重重，日前，某著名女明星因乳腺癌病逝，香销玉殒，让不少人欷歔感叹，这罪魁祸首乳腺癌，真让不少女性心惊！

年轻女性要慎用减肥药、嫩白抗皱化妆品和养颜口服液，以免引起雌激素上升导致乳腺病变。近日，有医学专家提醒，被戏称为"白骨精"的白领、精英、骨干人群是乳腺疾患的易发人群。很多减肥、丰乳产品，养颜口服液和嫩白、抗皱化妆品都含有雌激素，这都会提升乳腺癌的发病率。"白骨精"为何易患乳腺疾患呢？除了年龄之外，导致乳腺疾患的因素还有环境、情绪、生活方式，而除了共处的污染的大环境外，女性白领在情绪与生活方式上，更易导致乳腺疾患。具体到生活方式，女性白领锻炼少，接触阳光少，为了躯体的美观，工作的需要，大多女性白领在一年四季的工作中都紧箍着乳罩，难得给乳腺"松绑"；另外，工作竞争的意识、紧张的心态，都导致情绪上的不平和，这些因素都与乳腺病有关。还有些白领女性，为了事业不要家庭，白白错过了生孩子的机会。而乳腺的畅通与生育哺乳相关，这是一般人都知道的常识。除此之外，女性白领还特别看重身体保健，只要是于美容、美体有关的保健品和药品，她们都愿意试一试，但她们却不明白，很多疾病都引发自滥用药品和保健品。

世界上不少学者认为乳腺增生病是乳腺癌前期病变，预防乳腺增生对预防乳腺癌有重要意义。有专家指出，如果女性朋友发现有乳腺增生或早期乳腺癌，绝大部分是可以调养和防治的。中药治疗乳腺增生病有明显的疗效，大部分患者通过服用中药都能有效消散肿块和治疗乳痛。其中，广州中一药业的中一牌乳核散结片针对乳腺疾病，治防兼备，既能止痛，又能抑制、消除乳腺增生，是临床常用的治疗乳腺增生的药物。

据了解，中一牌乳核散结片为纯中药制剂，是广东省的重点科研项目，具有行气活血、散结止痛、调补肝肾、和养气血的作用，通过调整体内激素水平，改善乳腺组织增生状况达到标本兼治的目的。

（四）药品包装环保回收机制

2008 年 6 月 1 日起，国家对购物袋"白色污染"实行禁令，使包装环保成为社会热议的话题。中一药业敏锐地觉察到其中隐含的传播价值，积极行动起来，他们将企业责任延伸至药品包装的环保上，策划了又一起事件营销。

2008 年 6 月 5 日世界环境日，由中一药业联合中华环保联合会共同举办的"我环保，我健康——药品包装环保回收机制"活动在北京人民大会堂正式启动，这场别开生面的活动成为我国药企开展废旧药品包装环保回收的标志性行动，开创了我国药企积极参与环保公益活动的先河。

1. 事件背景分析

随着人们生活水平的提高、健康意识的增强，日常使用的各种药品、保健品逐渐增多，销量每年以 30% 的速度增长，所产生的废旧药盒和药瓶也在大量增加。一项最新调查表明，我国每年生产的药盒、药瓶在千亿个以上，其中在家庭使用被当作垃圾随意丢弃的数十亿个。废旧药盒特别是药瓶的随意丢弃，不仅会造成土地、水质污染，而且一些废旧药盒和药瓶中所残留的药液和药渣，还可能释放出大量毒素，对环境和人畜安全构成极大的威胁。

专业人士指出，这些废旧药盒和药瓶，如果能够得到回收处理，完全可以变废为宝：纸张、塑料、玻璃，经过再处理都可以重新利用。以 10 亿个废旧药盒为例，若将这些药品包装按顺序码起，可环绕地球近 1 周，而这些包装经过回收再利用，经粗略估算，可以节省逾 6 万米^3 的木材，可以保护约 480 公顷的森林，可以用来制作成 3 亿张 A4 纸。若制成课本，可供 1 000 所小学使用超过 10 年。

2. 事件策划

药品包装环保回收机制是由中一药业和中华环保联合会在全国共同开展。消费者只要将家庭留有的由中一药业生产的产品包装盒和空药瓶或者购买由中一药业生产的中一牌消渴丸、前列通片、胃乃安胶囊、乳核散结片、三七化痔丸、腹可安片等产品，把包装盒或空药瓶通过设立的定点回收零售药店进行回收，便可得到一份奖品。所有定点回收药店里都放置了中一药业提供的药品包装环保回收箱，并设立了专门的工作人员。消费者只要将中一牌药品包装盒或空药瓶投入环保回收箱，然后到工作人员处便可领取奖品。

为了鼓励市民将这些废旧外包装进行回收，对于所有回收的药瓶和药盒，中一药业都将给予相当于废品价格 10～20

倍的超值奖励。为开展此项活动，中一药业还在全国部分药店进行了试回收，在没有任何宣传的情况下，消费者反响十分热烈，其中在老百姓大药房广州江南中店，每天平均可回收100多个药盒和药瓶，试回收活动仅半个月，就回收了1 500多个。

中一药业是华南地区最大的中成药生产企业，每年销往市场的药盒和药瓶共约2亿个，其中仅全国销量最大的口服糖尿病药物"消渴丸"就占到近一半。中一药业产品在30多年的畅销形势下，累计产生的药盒、药瓶四五十亿个，估计目前仍散落在市民家庭的约5亿个。为此，中一药业在药品包装环保回收机制的第一阶段，主要是回收中一牌外包装。加上每年新产生的外包装，预计每年可回收3亿个左右，5年基本可将家庭留存的废旧药盒清理干净。

积极树立绿色营销观念，培育绿色文化，把绿色理念植根于企业文化中，树立中成药企业绿色营销的新模式，比如中一药业所有产品包装盒上都有一条绿色飘带，这是代表着健康药品和绿色环保药品。中一药业今后还将在药材种植与采购、药品生产与加工、药品包装与运输等各个环节都设立环境保护机制，实现全方位的环境保护及资源再生利用，为国家的环境保护事业作出努力。在药品包装环保回收机制启动仪式上，中一药业表示，将所有回收的药品包装转交给相关废品收购单位集中再利用，所得全部收益将以等值药品捐赠给困难群众和受环境破坏的贫困地区，包括汶川、绵阳等这些受地震灾害严重影响的地区。同时还宣布启动遍布广东、江苏、山东、安徽、北京、陕西、湖南、湖北、江西、河北、山西、辽宁、福建13个省市区，成为首批药品包装回收定点药店，其中广东有12家。

中
一
之
路

中一药业计划药品包装环保回收机制第一阶段将开展 5 年，计划覆盖国内 24 个省、直辖市及自治区，600 多个城市，覆盖逾 8 亿人口的范围。

中一药业首创的药品包装环保回收机制，其实也树立了中成药企业绿色营销新模式，得到了环境保护部和国家食品药品监督管理局及一些社会知名人士给予的积极肯定。

"这不仅是一个环保行为，更是一种爱心行动！"国家食品药品监督管理局一位领导说，人们通常把来自药品包装的污染称为带有病毒的"白色污染"。中一药业此次率先倡导药品包装环保回收活动，呼吁广大消费者都能积极参与到药品包装环保回收中来，并且承诺会给参与药品包装环保回收的群众一定奖励，将把回收所得受益以等值药品捐赠给困难群众和受环境破坏的贫困地区，非常值得称赞。

"珍爱健康、关注环保，从每一个人做起！"环境保护部政策法规司副司长王凤理说，环境保护问题不可能由政府一手包办解决，必须依靠公众广泛的环保参与。中一药业率先倡导"药品包装环保回收"，并对参与药品包装环保回收的个人给予一定奖励，挖掘了公众广泛地、积极地参与环保行动的兴趣点，这将非常有利于改变由于消费药品的包装数量巨大，随意丢弃带来的"白色污染"困境。他最后呼吁："珍爱健康、关注环保，应从每一个人做起！"

中华环保联合会副主席、秘书长曾晓东也给予了充分肯定，他认为，为唤起公众在购买和消费药品过程中不再随意丢弃药品包装盒，培养保护环境的自觉意识，中一药业认为有必要开展这样一个与社会公众密切相关、且有很高社会价值的公益活动，不仅能实现药品包装资源的回收和再利用，避免资源浪费和环境污染，而且还可以在医药行业中逐步树立节能减排、保护环境的示范效应。

药品包装环保回收机制代言人、中超足球联赛广药中一足球队核心球员徐亮的口号是："我环保，我健康！"并大声呼吁：与中一药业一起加入药品包装环保回收机制，中一药业将为您提供奖励，奖励您为我国的环保事业作出的贡献，奖励您为困难群众和贫困地区奉献的爱心！马上与中一药业一起行动吧！

3. 事件的公益性分析

①减少环境的污染。废旧药盒和药瓶能够造成土地、水质的污染，若废旧药瓶有破损，或在废旧药盒和药瓶中残留药液和药渣，由于失效变质就会释放出大量毒素，对人畜安全构成极大的威胁。

②节省能源的消耗。药品包装回收投入再利用，使纸张及塑料可以循环使用，可以节省大量木材和石油的消耗，节

人民大会堂新闻发布会现场

市民在老百姓大药房外将废旧包装投入药品包装环保回收箱

省宝贵的能源。

　　③培养人们自觉爱护环境、保护环境的习惯。由于药品包装定点回收活动参与性强，人人皆可参与，有利于促进环境保护的文明习惯的养成。

　　④开展药品包装环保回收，还对医药行业，乃至整个社会、各行各业，产生较强的示范效应。只要各个行业，各个群体都参与到环保事业中来，人人皆环保，处处皆环保，自然环境一定会更加美丽。

第四节 一个大品牌的成长

一、消渴丸的创新史

消渴丸不仅是中一药业的利润支柱，也是广州药业的利润奶牛。广州药业作为一家上市公司（上海证券交易所、香港证券交易所上市公司，股票代码分别为600332，0874），在多个上市公司投资者见面会上，基金经理及证券分析师们咨询最多的，便是中一药业消渴丸的利润实现情况，因为消渴丸在某种程度上，是广州药业利润情况的"晴雨表"。

1997年，中药一厂、潘高寿药厂、敬修堂药业、陈李济药厂、王老吉药业等11家广州市属制药和医药贸易企业进行整合，合并为广州药业股份有限公司，并分别于1997年和2001年在香港联交所和上海证交所上市，成为一家A+H股上市公司。加入广州药业股份有限公司后至成立广州医药集团有限公司，中药一厂是第一家带头响应的。

消渴丸成为上市公司利润奶牛的说法，可以从广州药业历年的年报中得以印证：2004年广州药业业绩出现了大幅下滑，而中一药业的净利润却达到了合并后净利润的108.89%，2005年中一药业净利润占广州药业总净利润的33.8%，2006年中一药业净利润占广州药业总净利润的37%，2007年中一药业净利润占广州药业总净利润的26%。在这其中，消渴丸的销售净利润占了中一药业总利润的70%～80%，占了广州药业净利润的近30%，是广州药业系列产品中贡献利润最大的品种。

中一药业对消渴丸循证医学的研究，正是中成药企业发展的一个重要策略，即对产品的深度开发，亦叫二次开发。而纵观中一牌消渴丸的整个研发历程，可以发现中一药业始终坚持在踏实的基础上开拓创新的精神。消渴丸的成长历史，几乎浓缩了整个中一药业的成长史，这一品种从研发到不断地进行技术创新和营销创新的历程，尽显一个中成药企业成功的转型轨迹。对于中成药品牌的打造，也充满了借鉴性意义。

中医药治疗糖尿病，具有悠久的历史和博深的知识。糖尿病是一个古老的疾病，公元前400年，我国最早的医书《黄帝内经·素问》及《黄帝内经·灵枢》中就记载过"消渴证"这一病名。汉代名医张仲景《金匮要略》的消渴篇对"三多"症状已有记载。唐朝初年，我国著名医家甄立言首先指出，消渴病患者的小便是甜的，在夏秋两季，糖尿病患者的小便有时招苍蝇。

世界上最早确认和治疗糖尿病的医生是中国唐代名医王焘。王焘根据其父患口渴难忍，饮量大增，身上多疖疮，小便水果味，并根据甄立言《古今条验》一书中指出的：消渴病者小便似麸片甜。于是他亲口尝其父小便，果然是甜的。故针对消渴病制定了治疗方案，辅以调整饮食，使其父病情得到控制。他把这些经验写进了《外台秘要》一书。

《外台秘要》比10世纪阿拉伯医生阿维森纳的《医典》中关于糖尿病的诊断和治疗早200多年。公元600年以后英国医生托马斯·威廉才提到病人的小便"其味如糖似蜜"。据考证，糖尿病在古代为帝王贵族之病，多发生在肥胖、多食富有者之中。

消渴丸的中药成方，主要吸收了明清两代两大治疗消渴病的古方，一为玉泉散，一为消渴方。这两个古方散见于史料及文摘记载，在实际的日常生活中。民众多有用各种不同的药材或单味的中药来治疗和调理消渴病，但与成药相比，效果要差很多，而这两个古方在近代并没有真正的成方制药及研究，直至20世纪70年代末。

中一牌消渴丸对糖尿病的显著疗效，与所含各种治疗糖尿病的有效成分分不开，方中重用黄芪，更是起了关键作用。关于黄芪治疗糖尿病，与新文化运动的一代宗师胡适有一段有趣的故事。

1920年秋，胡适患消渴病（即糖尿病），因延误治疗已引起严重的并发症，即至北京协和医院诊治。西医认为，此病已不可治，仅尽人事而已，除对症处理外，另嘱咐家人准备后事。胡适回家后忧虑万分，以为"劫数难逃"。身边的朋友却纷纷劝他，不妨延请中医试一试。

但胡适当时认为："中医治病无科学根据，不足凭也，何况西医也已束手。"在朋友及家人几经劝说下，最后抱定一试的态度，由马幼渔介绍就诊于北京名医陆仲安。陆仲安医术高超，在民国初期名重一时，他擅长运用黄芪、党参治疗疑难杂症，人称"陆黄芪"。陆仲安为胡适诊完病后说："此病当饮黄芪汤，如不效，唯我是问。"经过治疗，胡适的病情竟大大改善，令他大为惊愕，便去协和医院复查，西医医生也大为惊诧。

后来，胡适于1921年3月30日写了"题陆仲安秋室研经图"的题记，记述了这件事的始末，并抒发了自己的感想。其文如下：

"……我自去年秋间得病，我的朋友学西医的，或说是心脏病，或说是肾脏炎（肾炎），他们用的药，虽也有点功效，总不能完全治好。后来幸得马幼渔先生介绍我给陆仲安先生诊看。陆先生有时也曾用过黄芪十两，党参六两，许多人看了，摇头吐舌，但我的病现在竟好了……颇引起西医的注意，现在已有人想把黄芪化验出来，看他（它）的成分究竟是些什么？何以有这样大的功效？如果化验的结果，能使世界的医学者渐渐了解中国医药的真价值，这岂不是陆先生的大贡献吗？"

20世纪70年代末80年代初，受经济条件限制，许多糖尿病患者一般是买几分钱一片的化学药氯磺丙脲，经济条件稍好一点的也只能让医生开较便宜的甲苯磺丁脲（D860）服用，这些都是属于第一代和第二代的磺胺脲类化学药物，但这些老牌西药有较大的副作用，一方面用药量难以掌握，一旦不慎很容易造成低血糖；另一方面，长期服用对肝肾也易造成损害。由于当时中国医疗环境的落后和医疗资源的匮乏，特别是在医疗水平不高的基层医疗机构，这些药物使用所产生的不良反应事故，是很难控制的。

能不能发明一种用药安全、疗效确切，同时又经济实惠的新型降糖药呢？当时中药一厂由此入手，进行中国口服糖尿病药物的一次自主创新。

熟悉中医药发展史的人都知道，自鸦片战争后，随着西方列强的入侵，西医西药全面进入中国，导致了中医药的全面危机，至民国时期，甚至禁止中医中药。而后又因新中国成立后的"反右"、"文化大革命"等一系列政治意识形态的斗争，包括医生在内的知识分子被打倒。因此，中药在相当长的一段时间内处于发展的空白期。直到"文化大革命"结束后，所有的科学领域才开始恢复走上正轨。对现代中药的开发与科研，也成为科学领域重新发展的一个重点。

在西药盛行的年代，中药的研发也开始向西药学习，其中提出来的一个发展思路就是中西医结合。中西医结合的研发思路分为 4 种：一种是中西药合用，即联合用药；一种是中西药合剂，即结合组方；一种是中药西化；一种是西药中化。而中西药合剂的优点，一方面是吸取了中药"扶正固本"的优点，另一方面也利用了西药针对性强、起效快的特点。

1979 年，中国处于百废待兴时期，在中成药领域，亦是如此。1979 年，在"文革"期间被当成漏网"右派"打击的原广州中药一厂技术科科长邹章，偶然间读到了老一辈革命家谢觉哉的一首诗："文园病渴几经年，久旱求泉竟及泉。辟谷尝参都试过，一丸到手不妨千。"所读到的这些史料，给了邹章灵感和知识。由于当时国内已有提倡"中西"结合开发中药的号召，于是邹章在吸收了玉泉散和消渴方两剂古方的基础上，结合 1966 年在国外研制成功的化学药物格列本脲，研发而成中一消渴丸，并通过临床验证，于 1981 年开始投放市场。

中西医结合使用的历史，虽有百年，但中西药合剂，在国内目前获得审批通过的并不多。其中的原因，在于中西药合剂，会产生药物冲突，导致不良反应事故几率加大。正是基于此，1985 年，新中国第一部《药品管理法》通过颁布实施之后，便停止了中西药合剂药物的审批。

这在无意中成就了消渴丸的独特性，由于比较有效地解决了中西药合剂引起的药物冲突，它成为通过审批的为数不多的口服糖尿病药物。但由于早期药品审批体制比较落后，要求不严，所以消渴丸在初期的基础性研究方面也比较缺乏，格列本脲所引发的低血糖的不良反应也一直没有得到有效的解决。同时，由于格列本脲存在较短的半衰期，导致由于服用的时间和剂量不同，对病人所起的治疗效果也不一样。这些年来，中一药业一直致力于解决这些研究难题，使得消渴丸的发展得以渐入佳境。

最早的技术创新是从传统的制丸工艺向现代化的制丸工艺转变。中药一厂从日本、德国进口了一系列的现代化制丸机器，使得消渴丸在制造上能够达到洁净、高效，减少人工操作中所引发的一系列质量问题。

1987年，中药一厂开展借助外脑活动，邀请了上海的一位企业管理咨询专家对企业的产品线进行了经营和市场分析。分析的结果：企业生产的消渴丸和胃乃安胶囊两个产品比较具有市场优势，一是药物在研究创新上相比其他同类产品具有比较大的优势，二是药物针对的疾病人群正处于快速增长的阶段。改革开放后随着人口老龄化和生活水平改善后肥胖发生率的增加，患糖尿病的人数正在大幅增加。

1994年，中药一厂进行了建立消渴丸格列本脲高效液相含量测定方法研究，在加强基础研究的同时，解决了由于不定量不定性引起的疗效不稳定和副作用控制问题。这些问题不仅仅是基础研究的问题，还与生产过程对质量的控制有关。1985年，经广东省卫生厅批准，消渴丸正式按手工制丸工艺生产。1997年，为解决药丸崩解问题，提高产品质量的均一性，防止生产过程微生物的污染，中药一厂在国内中药生产企业中首家采用微波干燥设备，代替热风循环烘箱进行药丸干燥工艺试验，并于1997年开始应用。

2000～2001年，消渴丸进行中药保护品种的续保工艺攻关，主要是建立消渴丸格列本脲含量质量标准并提高稳定性的工艺攻关；还对提高格列本脲在药丸中的均匀性方面进行攻关，建立了高效液相含量测定方法的质量标准，药品含量合格率达到了 100%。

在不断加强基础研究和生产工艺攻关的同时，如何扩大销售是最重要的问题。消渴丸自 1981 年投放市场，至 1994 年之前，基本上属于自然销售的状态，至 1994 年，销售数量仅 1 400 多万瓶。使用者大多数为二三级城市的低收入人群，因为消渴丸的价格较其他糖尿病药物更为便宜。

在当时，消渴丸的生产方式也相对比较落后。剂型为丸剂的消渴丸，在生产过程中的定性和定量工作存在局限性，生产车间位于广州市老城区的浆栏路和杉木栏路的居民区，技改工作没有得到很好的提升，虽然引进了制丸机器，但产能仍有限。营销手段和生产技术上的局限，影响了消渴丸做大做强。

消渴丸的转折点是于 1994 年中药一厂与南方医药经济科技情报所的一次合作。同年，中药一厂的发展一度陷入停滞。由于缺乏市场占有率较高的产品，国家对中成药的调控在政策上也不得力，中药一厂出现了增长的瓶颈，消渴丸的销售额连续 3 年徘徊在 1 亿元左右。

正是这一年，中药一厂委托南方医药经济科技情报所做了一次全国糖尿病市场的调研。这份调研报告分析了全国 24 个省区糖尿病药物的使用情况和市场销售情况。而正是这份报告，为消渴丸制订推广策略提供了重要的依据。报告调研了全国 28 个地区医院的糖尿病患者用药情况。调研显示，消渴丸在西医院的市场占有率为 8%，在中医院的占有率为 20%，在药店的占有率为 16%，综合起来总体的市场占有率为 15.15%，仅次于当时的化学药优降糖（格列本脲）。

依据这一份报告，中药一厂备受鼓舞。糖尿病市场存在非常广阔的市场，但糖尿病治疗药物的市场占有率普遍不高，市场相对分散，而消渴丸在患者中存在着相当的认知度，大有可为。中药一厂敏锐地抓住了这一时机，认为基于同类产品的市场情况，需要重新调整企业的经营策略和市场推广策略，即在今后的一段时期内将消渴丸作为企业重点发展的品种，加强学术推广和渠道推广，企业要将重点资源投入于这一品种，将其作为企业未来的重要利润支撑点。

找准了企业和品种的定位，中药一厂开始了相应的推广工作。广州中医药大学的熊曼琪教授建议中药一厂要参加学术推广会议，提高消渴丸在学术界的知名度。调研的情况显示，消渴丸在重点城市的医院中缺乏临床医生基础，而临床医生，特别是专家，对患者的用药选择有至关重要的影响。要让医学专家了解药物的先进性，就必须让他们认知，学术推广是一种非常重要的手段。而事实上，在当时，外资和合资药厂正是因为走学术推广的路子，产品才得以一直占据高端市场，而国内企业，在这方面的认识和做法，都还很缺乏。

1994 年，中药一厂在消渴丸的基础研究方面也取得了一定的突破。同年在北京召开的首届国际糖尿病学术会议上，中法糖尿病学会主席阿达理做了题为"216 例双盲随机取样治疗 2 型糖尿病临床观察"的报告。文内设中药组、优降糖（格列本脲的商品名）组、中药＋优降糖组、安慰剂对照组。结果中药＋优降糖组疗效最高，说明这两种中西药合用不仅无拮抗作用，且有显著的增效作用。

现代药理研究表明，地黄、五味子有抗自由基作用，黄芪、葛根有抑制醛糖还原酶作用。自由基、醛糖还原酶是糖尿病多种合并症的物质基础。总之，消渴丸具有降脂、降黏、改善微循环、抗自由基、抑制醛糖还原酶等多种作用。

一系列的研究突破为中药一厂进行学术推广做了铺垫，1994年在佛山召开的全国中西药治疗糖尿病会议，成为广州中药一厂市场推广的突破口，一举改变了以往主要依靠经销商层层调拨、分销的销售模式。自此，消渴丸成为糖尿病协会的中西药推荐产品。

通过这次学术推广会议，让中药一厂进一步认识到，盲目地的依靠销售人员去做临床推广，效果并不大。同时，由于销售人员不具备良好的学术推广能力，对科研和药物技术知之甚少，很难推动工作进程。最好的方法是在临床专家中进行学术推广，通过专家去影响临床医生和病人。

通过参与学术会议，中药一厂逐步与专家建立起广泛的联系，慢慢建立起专家推广网络；并对临床专家不定期地征集学术论文，定期出版论文集，向医生赠送有关糖尿病的刊物。

1995年，中药一厂开始在各地开展糖尿病知识普及与教育活动，组织广州市各大医院的医生在广东电台"健康之声"栏目，进行有关糖尿病的健康讲座，每天1次，重播2次，持续了1年时间。通过不间断的传播，扩大了消渴丸的知名度。后又将这一做法推广到全国其他城市。当年，消渴丸销售额突破了1个亿，达1.1亿元。

通过1994年与南方医药科技情报所的信息调研合作，中药一厂发现全国有6~7个批文的产品在仿制消渴丸，同时还有一些未经注册审批的非法仿制。这引起了中药一厂的关注，于1995年利用中药保护管理条例，有效地杜绝了被大范围仿制的被动局面，保持了其独特的竞争优势。自此，中药一厂认识到信息调研的重要性，建立起一个对市场快速反应的信息平台，并通过这个市场信息平台，使营销与技术、质量结合起来，从整体上把握企业的经营方向。

1997 年，全国医药购销体制改革在全国展开，统购统销、层层批发的时代一去不复返。中国医药市场，开始迎来真正的快速发展时代。消渴丸得益于之前所做的一系列工作，销售年年大幅度增长，1997 年进入销售黄金期，1997~1998年，消渴丸可谓供不应求，经销商和消费者均为现金购货，更有东北地区的许多消费者，提前半个月以现金下单。

至 1999 年，消渴丸的销售量已达 2 300 多万瓶，在消渴丸这一主要品种的带动下，中药一厂的利润从每年几百万元，攀升至每年几千万元，成为当时广州药业 11 家子公司中赢利状况最好的公司。

2000~2003 年，中药一厂进一步进行消渴丸的技术创新。在全国最早建立消渴丸组方中的主要药材黄芪的 GAP（中药材规范化生产）基地，最早引入药材指纹图谱现代化质控技术，最早采用微波干燥杀菌技术，从而使消渴丸的疗效和质量得到充分的保证。在此期间，消渴丸全面实现了全自动流水线生产，并利用知识产权保护政策，及时地规避了市场的同性化竞争，使得消渴丸的销售额得以不断增长。2000~2003 年，消渴丸年增长率达到了 14%。

2003 年，由于突如其来的"非典"，消渴丸的销售额出现了大幅度的滑坡，当年销售额下降了 8%。这一突然而至的销售滑坡，使中一药业多年来过于依赖消渴丸单品种销售的劣势突显出来。

2004 年，广州医药集团有限公司管理层进行变更和体制创新，再次确认消渴丸在上市公司中的重要位置。2006 年 5 月，中一药业、广州分析测试中心与广州中医药大学新药开发研究中心合作，开展中成药消渴丸指纹图谱系统研究，并建立了消渴丸主要原料药物的专属指纹图谱测定方法。

　　2004～2007年，消渴丸再度出现强劲增长，消渴丸销售增长率达到了10%以上，2004年销售额达到4亿元，2006年突破5亿元，成为名副其实的处方药大品牌。2007年，在经过又一次的产品价格调整后，消渴丸的销售额达到6.2亿元。

　　独特的优势，扎实的科学研究，准确的市场定位，有效的市场推广策略，及时的求变求新，正是消渴丸能够成长为一个大品牌的秘诀。

消渴丸

附录：

一、消渴丸历年获得荣誉概况

1. 1994年被卫生部收载入《国家基本用药目录》；

2. 1995年被中国中西医结合学会糖尿病专业委员会列

消渴丸供应链价值重建高峰研讨会
核心经销商的负责人获聘为中一药业的高级营销顾问

为糖尿病推荐用药产品；

3．1996、1999 年获广州名牌产品称号；

4．1996、2002、2005 年获广东省名牌产品称号；

5．1995 年被卫生部列为国家二级中药保护品种，2002 年获得延长保护期限至 2009 年；

6．2004、2005 年被中国保护消费者基金会评为消费者喜爱的知名品牌产品；

7．2005 年在关心百姓安全用药活动中被评为百姓放心药品牌产品；

8．2007 年被中国保护消费者基金会评为消费者认可的优质信誉品牌产品；

9．2007 年获国家发明专利，并入选国家"863 计划"；

10. 2008 年被评定为国家重点新产品、广东省专利实施示范项目、广东省高新技术产品、广州市专利技术产业化示范项目。

二、消渴丸的六个第一

1. 中国第一个采用中西药结合治疗 2 型糖尿病用药。

2. 口服糖尿病治疗药物中成药第一品牌：消渴丸上市 29 年，已销售逾 6 亿瓶 700 亿丸，累计服用患者 2 000 多万人，占整个糖尿病口服中成药及中西医结合药品市场的销售份额 78% 以上。

3. 广东建设中医药强省中药第一品牌：广东有 9 个中成药销售额超亿元，"消渴丸"排名第一。

4. 第一个进入国家"863 计划"的中西结合治疗 2 型糖尿病用药。

5. 第一个开展大规模循证医学研究的治疗糖尿病民族品牌药，通过循证医学研究为药物的有效性和安全性提供可靠依据。

6. 第一个获得国家发明专利的中西药结合治疗糖尿病药物。

三、1981~2007 年消渴丸年销售额与销量

见 99 页图示。

四、朱丹溪生平概述

朱丹溪名震亨，字彦修，因世居丹溪，人习称朱丹溪，学者尊称为丹溪翁。1281~1358 年，元代金华（今浙江省义乌市）人，金元四大医学家之一，倡导阳常有余，阴常不足

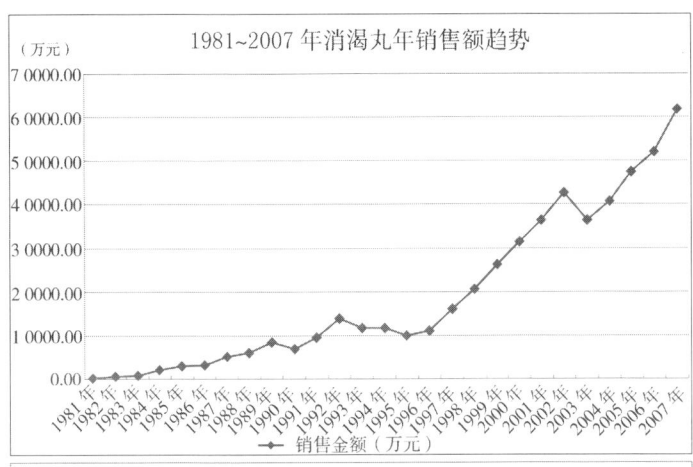

1981~2007 年消渴丸年销售额趋势

◆ 销售金额（万元）

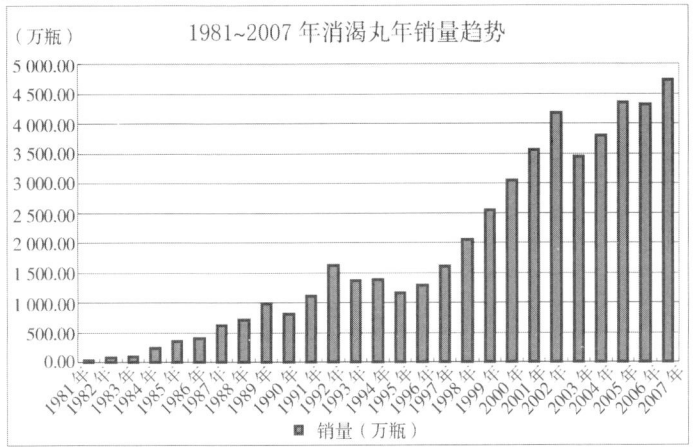

1981~2007 年消渴丸年销量趋势

■ 销量（万瓶）

说，创阴虚相火病机学说，善用滋阴降火的方药，为"滋阴派"的创始人。

朱丹溪自幼好学，初习举子业，奋发学医，并深入研究《黄帝内经》的《素问》、《难经》等典籍，学习 5 年便能临证。为了进一步提高医术，他外出浙江，走吴中，抵南徐，达建业，以访求名师，在他 44 岁时又跟随罗和悌学医。罗和悌是当时名医，世称太无先生，其学得刘完素之再传，旁通张从正、李杲 2 家学说。丹溪尽得其学，并有机会吸收 3 家学说之长，融会自己的心得，提出独到的学术见解，自成一派。朱丹溪因而非常重视养阴，并创立了"滋阴派"的学说。

朱丹溪一生，著述很多，主要有：《格致余论》1 卷，成书于 1347 年；《丹溪心法》，成书于 1347 年，全书共 5 卷，分 100 门，前有十二经见证等 6 篇，后附《丹溪翁传》；《金匮钩玄》，成书于 1358 年，全书共 3 卷，末附《火宁君相，五志具有论》等医论 6 篇，为戴原礼所加；《医学发明》1 卷；《局方发挥》1 卷。另外，还著有《本草衍义补遗》1 卷，《素问纠略》1 卷。

五、叶天士简介

叶天士，名桂，号香岩，又号上律老人，江苏吴县人，约生于清代康熙五年（1666），卒于乾隆十年（1745）。

叶天士信守"三人行必有我师"的古训，不管什么人，只要比自己有本事，他都拜之为师。这样，他的老师有长辈，有同行，有病人，甚至有和尚。当他打听到某人善治某病，便欣然前往，学成后才离去。12 ~ 18 岁仅仅 6 年，除继家学外，先后登门求教过的名医就有 17 人。叶天士的虚心求教，"师门深广"，确实令人肃然起敬。

六、中一药业产品大系

1. 内分泌系统类药物
消渴丸。
2. 消化系统类药物
胃乃安胶囊、胃热清胶囊、金佛止痛丸、加味藿香正气丸、紫地宁血散、胆康片、清泻丸、腹可安片、便秘通、保和丸、调胃消滞丸、木香顺气丸、利胆排石片。

3. 泌尿系统类药物

前列通片。

4. 抗肿瘤类药物

鹤蟾片。

5. 妇科类药物

乳核散结片、滋肾育胎丸、调经益母片。

6. 耳鼻喉系统类药物

辛夷鼻炎丸、鼻咽灵片、鼻舒适片。

7. 肛肠科类药物

三七化痔丸、化痔灵片。

8. 皮肤科类药物

固肾生发丸、白蚀丸。

9. 呼吸系统类药物

礞石滚痰丸、息喘丸、蛤蚧定喘丸、小儿咳喘灵冲剂。

10. 清热解毒类药物

银翘伤风胶囊、维 C 银翘片、龙胆泻肝丸。

11. 跌打风湿类药物

风湿骨痛丸、腰息痛胶囊、蛇胆追风丸、防风通圣丸、骨仙片。

12. 补益类药物

补中益气丸、归脾丸、六味地黄丸、壮腰健肾丸、金锁固精丸、金鸡虎补丸、益脑胶囊。

13. 心血管系统类药物

复方丹参片、心可宁胶囊。

14. 眼科类药物

障眼明片。

二、进军"863 计划"

2007～2008年，中一药业班子带领研发团队和销售团队骨干奔波于广州与北京之间，多次召开项目方案讨论会、专家技术讨论会、研发外包（CRO）招标会。

正在开拓的这个新局面，不论是对于中一药业，还是对于中药产业都意义非凡。

2006年，科技部发布"十一五"高新技术发展计划，也即"863计划"项目。作为我国高新科学技术研发突破的一个国家重点计划，"863计划"涵盖了众多高新技术产业领域最为领先和具有前瞻性的项目，是支撑我国高新科技产业发展的一项主要的研究计划。

中一药业的主打产品、治疗糖尿病的药物——消渴丸"分子分型和个体化治疗"循证医学科研项目入选"863计划"。中一药业对能够参与这一科研开发项目，一方面感到兴奋，另一方面也觉得责任重大。

进军"863计划"项目的意义，要从中国中成药的研发现状说起。

众所周知，在中成药领域，产品长期以来存在一个不被西方医学科学界承认的问题，就是中药对疾病治疗是通过多靶点、综合治疗和调理身体机能而起作用的。但中成药的点对点作用机制不清，无法解释是哪一味成药对人体产生了作用，即使是单方，其作用机制也很难用分子分型和化合物结构这种西医理念去解释。而由此产生的另一个困扰人的问题是：中药临床使用存在不确定性，对部分人体有效，对部分人体无效；服用的剂量不能确定；同时，不能够有效地降低和控制中成药产生的毒副作用和不良反应。

多年来，中药现代化所做的努力，即是在中医传统的辨证理论指导下，寻找更符合人体医学与药物学的科学依据，分析出成药的具体作用靶点，而不仅仅是依靠临床经验的积累，依靠望闻问切。在漫长的中药国际化历程中，中国科学家一直在努力改变这一现状，从中药学、药理学等基础研究开始，到提取纯化的工艺研究、剂型的研究，到指纹图谱的研究，到临床上的对症治疗。这一套理论研究体系，实际上大部分是按照西医西药的研究理论体系来进行的。

2007 年，国家中医药管理局提出了中药发展的"十一五"规划，在这个"十一五"规划中，重点的科研突破项目，正是如何实现中药现代化与国际化。而只有现代化，才能实现国际化，才能改变中医中药在国际上的形象，打破目前中药在西方发达国家仅仅停留在作为食品添加剂使用的局限性上。

药物创新，其基本的原理就在于化学分子分型结构的创新，只有基于分析药物作用靶点的药理学研究，才能有药物创新。个体化诊疗则是一个直接的结果，在临床基础研究的基础上，对症下药。这在中医领域，叫因病施治，也即中医的辨证治疗。

"863 计划"项目的目的，在于鼓励科技创新。众所周知，一个新药开发的成本巨大，但其回报利润同样非常可观。产业和企业要实现升级，唯有创新。对重大疾病的分子分型和个体化诊疗的研究，不仅是解决人类受疾病困扰的问题，而且是对科技创新的一个挑战，是促进医药产业的良性发展。

无疑，这样的挑战对于中药产品来说更甚，其中包括基础研究，也包括了中医辨证理论。而这样的研究，对中西医结合的制剂产品而言，难度相对来说是比较小的。在中药成分结构分析不能进行有效突破的前提下，对复方中化学药成分进行分子分型研究；同时，结合辨证医学，研究中药成分对个体化诊疗的辅助作用，这相对于成分更为复杂的复方中成药产品来说要容易一些。但并不意味着这是一项轻松的研究计划。

糖尿病作为目前人类面临的一大类疾病病种，是最常见的一种慢性病。随着人们生活水平的提高、人口老龄化以及肥胖发生率的增加，糖尿病的发病率呈逐年上升趋势。糖尿病是由遗传和环境因素相互作用而引起的，糖尿病若得不到有效的治疗，可引起身体多系统的损害，比如引起胰岛素绝对或相对分泌不足以及靶组织细胞对胰岛素敏感性降低，引起蛋白质、脂肪、水和电解质等一系列代谢紊乱综合征，其中以高血糖为主要标志。临床典型病例可出现多尿、多饮、多食、消瘦等表现，即"三多一少"症状。

糖尿病分1型糖尿病和2型糖尿病。其中1型糖尿病多发生于青少年，其胰岛素分泌缺乏，必须依赖胰岛素治疗控制血糖水平。2型糖尿病多见于30岁以后的中、老年人，其胰岛素的分泌量并不低甚至还偏高，病因主要是机体对胰岛素不敏感（即胰岛素抵抗）。

糖尿病的发病机制复杂，有效控制血糖需因人而异，因此有必要对治疗糖尿病推行个体化诊疗方案。因此科技部将糖尿病的分子分型和个体化诊疗作为重大疾病的分子分型和个体化诊疗的子项目之一。而消渴丸作为一种中国企业自己生产的难得的中西医结合药物，顺理成章的，中一药业抓住了这样一个突破的机会，同时也迎接了这样一个挑战。

中一牌消渴丸，是中一药业的当家中成药品种，国内销

中一之路

售额上亿元的唯一的一个中西医结合治疗 2 型糖尿病的口服
药物，一个具有 29 年历史的老品种。在多年的临床治疗中，
一方面其化学药成分格列本脲具有刺激胰岛素分泌的作用，
从而能有效地进行降糖，同时，又因中成药成分的存在，能
起到滋肾养阴、益气生津的作用，并能有效减少心血管副作
用，延缓并发症的发生。中西医结合的疗效，相对便宜的价
格，在临床治疗中得到了消费者的广泛认同，经过多年的推
广，逐渐成为糖尿病人的主要治疗药物之一。

2007 年，消渴丸的年销售额已经达到 6.2 亿元（含税），
成为国内用量最大的口服糖尿病药物。

事实上，对于该不该投入巨资对消渴丸进行循证医学研
究，对中一药业而言，并不是一个理所当然的决定。中一牌
消渴丸在 1979 年进行研发时，进行了部分的基础研究，而其
化学药成分格列本脲则是 20 世纪 60 年代国外发明的一种治
疗糖尿病化学药物，两者的结合，在当时是糖尿病治疗药物
的一种创新。但历经 20 多年，这一品种的应用前景与其他药
物一样都面临着一个生命周期的问题。一方面，在治疗糖尿
病领域，化学药继格列本脲之后，又有阿卡波糖、罗格列酮
等新的药物出现，且大量在临床上使用；另一方面，纯中药
制剂糖尿病药物，疗效又不明显。

投入大量的资金对已有 20 多年历史的消渴丸进行循证医
学研究是否值得？这也是中一药业要考虑的一个主要问题。

从营销的角度考量，由于中成药存在的作用机制不清，
个体治疗效果不明显的问题，导致了其在临床推广上的劣势。
在化学药占据了中国大部分医院的临床用药绝对优势的情况
下，中成药除了在中医院备受青睐之外，在西医医生中的认
可度并不算高。临床推广需要科学的临床研究的有力支持，

不提高科技含量，不打破学术的瓶颈，就意味着产品的营销将会受到抑制。

事实上，这也是影响中成药产品大品牌形成的一个重要原因。现时国内中成药企业，处方药大品牌并不多，更多的是通过大量的大众媒体广告推广 OTC（非处方药），一个 OTC 大品牌的树立，远比一个处方药品牌的树立容易得多。原因是 OTC 在销售推广中，比处方药的临床推广更容易一些。

是畏难而止，另辟蹊径，还是迎难而上，进行深度开发和创新？是继续采取人海战术的方式扩大销售额，营造短暂的销售辉煌，还是以科学支撑营销，从技术上挖掘产品的深度和广度？这是摆在所有中成药企业发展道路上的一个现实问题，同样也是摆在中一药业决策者面前的两难选择。

中一药业的研发团队和销售团队经过仔细分析后认为，在国外，一个新药的研发周期可能是 8～10 年，销售周期一般也就在 10 年左右，这是对基于不断创新的药物研发和激烈的市场竞争而言。但中成药产品由于其配方上的独特性，其生命周期往往比化学药更长，在国内，一个传统的属于国家秘方保护的中成药，其生命周期甚至长达几十年上百年，具有专利保护的产品，生命周期也可以达到三四十年。

从中国区域市场的特点来看，由于地大物博，二、三级市场还具有很广阔的、有待开发的市场，而中国正在进行的医疗体制改革，也正在不断地启动和扩大第三终端市场（基层的诊所、卫生院等）。从这一点上来看，消渴丸作为比较独特的中西医结合制剂，伴随着糖尿病药物市场的不断扩大，还具有广阔的前景。

更为核心的问题是，从患者治疗的角度出发，如何更完善药物的治疗效果，降低不良反应几率，研究更为有效的适应证，才是解决药物的周期性和利用价值的核心所在。而这涉及一个企业的创新意识和承担"治病救人"社会责任的意识。研究成功，对消费者、企业、行业，都是不无裨益的事情。

鉴于此，2007 年，当中国科学院把"重大疾病分子分型和个体化治疗"作为一项"863 计划"科技开发项目时，中一药业将消渴丸申请加入了这一项目。从另一个方面来看，进入这一国家级的科研项目，不但会获得部分政府资源的支持，而且能够共享更多的专家资源。

这是一项引人关注的开发计划。

附录：国家"863 计划"项目

1986 年 3 月，王大珩、王淦昌、杨嘉墀、陈芳允 4 位老科学家联名给中共中央写了一封信，提出：要跟踪世界先进水平，发展我国高技术的建议。这封信得到了邓小平同志的高度重视，小平同志亲自批示：此事宜速决断，不可拖延。经过广泛、全面和极为严格的科学和技术论证后，中共中央、国务院批准了《高技术研究发展计划（"863 计划"）纲要》。从此，中国的高技术研究发展进入了一个新阶段。

"863 计划"是在世界高技术蓬勃发展、国际竞争日趋激烈的关键时期，我国政府组织实施的一项对国家的长远发展具有重要战略意义的国家高技术研究发展计划，在我国科技事业发展中占有极其重要的位置，肩负着发展高科技、实现产业化的重要历史使命。

根据中共中央《高技术研究发展计划（"863 计划"）纲要》精神，"863 计划"从世界高技术发展的趋势和中国的需要与实际可能出发，坚持"有限目标，突出重点"的方针，选择了生物、航天、信息、激光、自动化、能源和新材料7个领域（1996年增加了海洋技术领域）作为我国高技术研究发展的重点。其总体目标是：集中小部分精干力量，在所选的高技术领域，瞄准世界前沿，缩小与发达国家的差距，带动相关领域科学技术进步，造就一批新一代高水平技术人才，为未来形成高技术产业准备条件，为20世纪末特别是21世纪初我国经济和社会向更高水平发展和国防安全创造条件。为此，国家每年都要为"863计划"投入千亿元人民币以上的巨资。

"863计划"主要是由政府主导，同时鼓励企业参与。其中国家级的科研机关和各高等院校是科学研究的主导力量，而企业要加入"863计划"必须通过政府和相关部门的严格筛选，更重要的是企业自身的实力和发展潜力，因此只有极少具有实力的企业才能作为该计划的承担单位。

2006年，经过形式审查、同行专家评议、课题评审及领域专家咨询等立项程序，"863计划"在"十一五"第一年确定了本年度拟支持的课题清单，共计359个课题项目，其中探索性导向课题174项，目标导向课题185项。这些项目在生物与医药技术领域确立了功能基因组和蛋白质组、干细胞和组织工程、抗体和疫苗工程和重大疾病的分子分型和个体化诊疗4个重大项目。

"功能基因组和蛋白质组"项目支持的课题主要集中于肿瘤基因组、人类重要功能基因的开发研究、肝脏及重大肝病的蛋白质组学、重大疾病相关蛋白质的结构生物学等研究方向。

"干细胞和组织工程"支持的课题主要集中在干细胞与

治疗性克隆、组织工程技术与产品研制、组织器官代用品研发及灵长类动物疾病与评价模型等方面。

"抗体和疫苗工程"立项支持的课题重点围绕呼吸道疾病疫苗、消化道疾病疫苗、虫媒及其他感染病疫苗、致瘤性感染疾病疫苗、多联多价及其他新型疫苗，开发肿瘤、心脑血管、自身免疫病、糖尿病等重大疾病抗体药物和生物标志临床诊断试剂盒并开展临床验证。

"重大疾病的分子分型和个体化诊疗"立项支持的课题主要集中在肿瘤（肺癌、胃癌、食管癌、鼻咽癌、白血病）、心血管疾病（动脉粥样硬化）、老年神经性病变（包括老年性痴呆症、帕金森氏症、精神系统疾病的抑郁症和精神分裂症）、糖尿病和慢性肝病等重大疾病的分子分型和个体化诊疗等研究方向。

据悉，这4个"863计划"重大项目，几乎囊括了中国生物领域的研究机构和企业的力量，促使中国生物科学研究和技术达到一个新高度。

三、消渴丸与循证医学

广州市糖尿病药物工程技术研究开发中心拥有100多名科研人员，近两年来，他们的重点科研项目之一是"863计划"项目的立项和临床观察追踪以及信息收集。

对于一个国内最大的口服糖尿病中成药品牌而言，这样的研究对糖尿病药物的研发，对糖尿病的治疗而言，将有着什么样的推动呢？

中一牌消渴丸是多味中药与化学药格列本脲结合的中西药合剂，中药成分包括葛根、地黄、黄芪、山药、天花粉、南五味子、玉米须等。这几味中药，在长期的使用过程中被证明具有治疗消渴病的作用。所谓消渴病，即中医对糖尿病的称呼，糖尿病患者的临床表现为口渴、肾虚、多饮、多汗、多尿、消瘦，尿中含糖。药方中，地黄、葛根、黄芪等对消渴症的治疗，散见于古方记载，这些中药通过综合的调理作用，能缓解糖尿病。

而格列本脲治疗2型糖尿病具有较长的临床应用历史和确切的治疗效果，其作用原理是通过促进人体内胰岛素的分泌来进行降糖。

糖尿病的发生是环境和遗传因素共同作用所导致的。因病因不同，糖尿病的临床表现也有极大的异质性，一些糖尿病患者在被诊断为糖尿病后可以通过饮食控制达到长期维持良好的血糖水平。而一些糖尿病患者在糖尿病被诊断后的2~3年就会出现口服药物的继发性失效而最终需要胰岛素的治疗。

因高血糖发生的病因和病理生理基础的不同，糖尿病患者对防治措施的反应。存在着巨大的个体差异性。如果采用统一的方法去防治，则仅一部分人对某一种防治措施敏感而显示出疗效。这是目前所使用的口服降糖药物在糖尿病人群中的总有效率为30%~40%的重要原因。

目前，国内外使用格列本脲治疗2型糖尿病，主要基于临床经验用药基础上，治疗过程上常常会发生同样的治疗方案、同样的药物、同等的剂量，对某些人有效、安全、无明显不良反应，而对另一些人无效，甚至有严重的不良反应。其中遗传、代谢和环境因素起到重要作用。

中一牌消渴丸是含有格列本脲的中西药复方制剂，为了更好地指导含有格列本脲成分的中一牌消渴丸在临床上的应用，提高药物治疗的有效性，减少药物的副反应以及了解中一牌消渴丸与纯格列本脲制剂在临床疗效、药物副反应等方面的差别及其生物学基础，这项分子分型与个体化诊疗研究，拟从基因组学和代谢组学水平探讨遗传、代谢及环境因素在消渴丸药物治疗反应差异中的作用及其机制，最终为提高消渴丸治疗的有效性，制定针对不同 2 型糖尿病个体化治疗奠定基础。

这一研究符合现在个体化用药的发展趋势。

药物基因组学研究在国内目前仍然属于空白。2005 年，美国食品与药品管理局（FDA）颁布了面向药厂的《药物基因组学资料呈递（Pharmagenomic Data Submissions）指南》，旨在敦促药厂在提交新药申请时依据具体情况，必须或自愿提供该药物的药物基因组学资料，其目的是推进更有效的新型个体化用药进程，最终达到视每个人的遗传学状况而用药，使患者在获得最大药物疗效的同时，只面临最小的药物不良反应危险。

虽然对于格列本脲的临床试验在国外已经进行了许多年，但中一药业对其药物遗传学的研究，目前在国际上，都处于领先位置。其挑战的难度很大，但从药物创新和中药现代化的角度考虑，这样的研究不可缺少。

辨证论治、据证而为是中医的基础，证候成为疾病发展过程中的不同阶段病因病机的高度概括，一证可能涵盖了数种或数十种疾病。因此寻找结构基因组并与功能基因组的共同性，并建立"证候——基因表达谱"，有利于揭示中医"证"的结构和功能的基因，从而获得大量与"证"相关的基因，并将其表达调控到正常。

辨证论治——个体化诊治是中医的精华，有学者认为应建立"证"的基因表达谱，以揭示"证"的实质。另有学者认为，基因表达谱也许将是把西医的"病"与中医的"证"统一起来的"连续点"，以"证"的研究作为学术发展的切入点是一项关键的理论研究工作，是实现中医与现代生命科学理论交融的重要突破口。

无论如何，糖尿病分子分型与个体化诊疗研究都是符合中、西医药科学研究趋势的一项计划。但仅有这一项是不够的，药物的研究最终要落实到产业化，对一种药物进行具有前瞻性的研究，还需要对药物的应用前景着手，也即从药物经济学的角度来考量。

在确立了课题研究之后，中一药业曾经召集国内的众多知名糖尿病研究专家进行讨论，从研究路径和方法论上进行意见征集。同样，对于是否该投入重金对一个老品种进行此类研究，专家们也有过不同的意见。

有专家认为，毕竟格列本脲本身不是中一药业的有知识产权的产品。目前国外有几十家公司生产格列本脲片剂，关于格列本脲的药理学，包括药效、毒理、药代动力学等都有研究报告。中一药业可以将这些资料综合后写成一篇综述性文章，在国内杂志上发表和在消渴丸推广会议上散发资料。这样的做法较为实际，不必耗费巨资去"求得"一些国外已有的研究结论。从药企的立场来看，应该考虑资金的投入和收益的关系，做到物有所值。

实际上，这正是国内中成药研发目前普遍存在的一种窘况。由于新药研发需要投入大量资金，研发周期长，而新药研发成功之后的市场前景却面临着诸多的不确定性，临床学术推广也可能受阻。薄弱的临床研究基础，不确定的外部营销环境，对于本身资本并不雄厚的国内企业来说，都有可能成为制约新药研发、引发风险的决定性因素。

正是在这样的情况下，相当多的企业对产品研发采取了头重脚轻的做法，即重营销，轻研发。在研发过程中，追求仿制，所谓的创新，更多的是着重于改剂型、换规格，并包装成"新药"概念。在中成药领域，将片剂、胶囊剂改为注射剂的改剂型过程中，一些关键性的提取和杂质纯化工艺不过关、创新不足、质量标准不可控，导致药品不良反应颇多。

从实际情况出发，企业既不能冒太大的风险，同时也不能采取"伪技术"的做法，满足于完全以市场为导向的改剂型、换规格的做法。产品的二次开发便成为一条折中的路子，既提高了产品的科技含量，又保持住市场的不断增长。

另外一方面，中成药在临床基础研究中面临的一个不合理的现象是，由于中药材本身并没有独特性可言，成药的基础研究有时候是一项费力不讨好的事情，难度大，但成果是共享的，所以许多企业从现实的利益出发，更热衷于做剂型研究，而不做基础研究，这也造成了中成药企业的短视。

中一牌消渴丸作为目前国内使用量最大的中西医结合口服糖尿病药物，其应用前景仍然非常可观。作为一家致力于人类健康的负责任企业，中一药业对这一产品的二次开发，一方面基于对现有药物使用中出现的低血糖反应加以对症开发，减轻病人痛苦；另一方面目前中国糖尿病人数达4 000万，位列世界第2名，且逐年增长。二次开发的结果，对于消渴丸下一步扩大适用人群不无益处。

对药物的生命周期的判断，也是考量的内容之一。2007年初，一项全球范围内的糖尿病治疗结果进展研究（ADOPT）的分析报告显示，与另一类糖尿病治疗药物二甲双胍和罗格列酮相比，虽然格列本脲单药维持良好血糖控制效果的时间明显缩短，低血糖发生的危险性明显增加，但是在心血管安全性上，格列本脲却明显优于二甲双胍和罗格列酮。与更新一类的罗格列酮类药物相比，格列本脲导致的体重增加较少。

与此同时，一个比较实际的问题是，罗格列酮药物由于治疗费用昂贵，影响了其在临床使用中的普及程度，目前在全球，也仅有很少比例的病人能使用得起。这意味着，在相当的一段时期内，格列本脲和二甲双胍这两种常用的糖尿病治疗药物，仍然会延续其生命周期。

在这样的考量之后，基于企业发展必须的科研创新，中一药业和合作研究机构对这项糖尿病分子分型与个体化诊疗研究提出的主要研究内容包括：

1. 观察中一牌消渴丸的疗效及安全性；

2. 发现与中一牌消渴丸临床疗效相关的生物学标志物，并作为临床疗效的评价指标；

3. 发现与中一牌消渴丸主要副作用低血糖相关的生物学标志物和预测低血糖发生易感性的病理生理学和临床特征；

4. 发现与磺脲类药物相比，中一牌消渴丸的独特疗效以及与中一牌消渴丸独特疗效相关的生物学标志物；

5. 考察与格列本脲相比，中一牌消渴丸能否减缓磺脲类药物继发性失效的发生；

6. 根据临床试验结果，观察和分析中一牌消渴丸中中药对格列本脲降糖的调节作用；

7. 采用中医的评价指标评价，从治疗气阴两虚证2型糖尿病的角度评价消渴丸与格列本脲片的有效性及安全性，并发现与上述评价指标相关的生物学标志物。

在完成了这一系列的研究分析之后，2006年，中一药业将参与糖尿病分子分型与个体化治疗项目开发研究的报告被提交给大股东广州医药集团有限公司。经广药集团同意后，于 2006 年底开始着手准备，2007 年 10 月，这一项目获得科技部批准。随后，中一药业与北京糖尿病研究中心合作，为此，中一药业不惜投入 1 300 万元资金。同时借用外力，将临床观测部分与 CRO 机构进行合作，由中一药业研发人员与 CRO 人员联手，开展临床病例样本研究和观测。

2006 年底，中一药业与北京大学糖尿病研究中心主任纪立农教授订定了合作协议。项目由北京大学人民医院牵头，中国中医科学院广安门医院、上海交通大学附属瑞金医院、第二军医大学附属长海医院、中南大学附属湘雅医院等临床单位共同参与，进行多中心、大样本、随机、双盲双模拟的严格的临床试验研究。

国家"863 计划"——广药集团中一牌消渴丸
循证医学研究项目签约仪式

2007 年 3 月，中一牌消渴丸循证医学项目启动，中一药业至今已投入约 1 200 万元，计划于 2009 年 9 月完成全部研究，通过科技部的项目验收。

中一药业的管理团队认为，通过"863 计划"项目的研究，消渴丸将迎来一个更加美好的前景，这些前景体现在：

1. 进一步在用药人群的整体水平上提高中一牌消渴丸的疗效，避免对中一牌消渴丸不敏感的个体，使用中一牌消渴丸以致病情延误和增加不必要的医疗花费。

2. 可以通过发现与中一牌消渴丸不良反应作用相关的分子标志物。来预测个体对不良反应的敏感性来减少消渴丸毒副反应的发生，减少医源性医疗事故的发生。

3. 探讨中一牌消渴丸与单纯格列本脲之间可能存在的临床治疗效果差异的生物学基础，为中一牌消渴丸对比格列本脲的作用优势提供科学依据和支持，以利于中一药业的差异化营销模式，为进一步推广中一牌消渴丸提供技术依据和说服力。

中一药业志在利用这一科研项目，打开产品技术创新的一个局面，在这个开局之后，迎来的将是一个更加广阔的未来。

相关链接：

一、"消渴丸分子分型与个体化诊疗"的研究方案

该项目由北京大学糖尿病中心为牵头单位，组织中国中医科学院广安门医院、上海交通大学附属瑞金医院、中山大学第二医院、中南大学附属湘雅医院等临床单位参与，进行多中心（临床研究单位 18 家）、大样本（入选患者病例 800 例以上）、随机、双盲的严格临床试验研究。研究时间预计 2 年。

二、糖尿病的中医辨证

中医学对糖尿病的病因病机论述较为详细。认为主要是由于素体阴虚，五脏柔弱，复因饮食不节，过食肥甘，情志失调，劳欲过度而导致肾阴亏虚，肺胃燥热。病机重点为阴虚燥热，而以阴虚为本，燥热为标；病延日久，阴损及阳，阴阳俱虚；阴虚燥热，耗津灼液使血液黏滞，血行涩滞而成瘀；阴损及阳，阳虚寒凝，亦可导致瘀血内阻。

1. 素体阴虚

导致素体阴虚的原因有：①先天不足。《灵枢·五变篇》说："五脏皆柔弱者，善病消瘅"。是指在母体胎养不足所致。②后天损耗过度。如毒邪侵害，损耗阴津。③化源不足。如化生阴津的脏腑受损，阴精无从化生，如《外台秘要·消渴门》说："消渴者，原其发动，此则肾虚所致，每发即小便至甜。"④脏腑之间阴阳关系失调，终致阴损过多，阳必偏盛，阳太盛则致"消"，如《医门法律·水肿门》中说："肾司开阖，肾气从阳则开，阳太盛则关门不阖，水直下则为消"。肾阳偏亢，使胃热盛而消谷善饥。

2. 饮食不节，形体肥胖

①长期过食甘美厚味，使脾的运化功能损伤，胃中积滞，蕴热化燥，伤阴耗津，更使胃中燥热，消谷善饥加重。如《素问·阴阳别论》谓："二阳结谓之消"。二阳指的是足阳明胃经与手阳明大肠经。是指胃肠中积滞化热，胃热则消谷善饥。热邪上熏于肺，使肺热津伤，出现烦渴多饮。大肠热结则大便秘结不畅。②因胖人多痰，痰阻化热，也能耗损阴津，阴津不足又能化生燥热，燥热复必伤阴。如此恶性循环而发生消渴病。

3. 情志失调，肝气郁结

由于长期的情志不舒，郁滞生热，化燥伤阴；或因暴怒，导致肝失条达。气机阻滞，也可生热化燥，并可消损肺胃的阴津，导致肺胃燥热，而发生口渴多饮，消谷善饥。阴虚燥热日久，必然导致气阴两虚。消渴患者始则阴虚燥热而见多饮、多尿、善饥。时日既久，阴损及阳而出现气虚阳微现象，如全身困倦乏力、食少难化、大便溏薄、口干不欲饮、夜尿多而白天反少、脉细无力、舌质淡、苔薄白或淡黄。这是由于肺、胃、肾三经阴气虚，阳气被遏而出现的阴阳两虚病证。

三、消渴丸在"863计划"项目之前的研究情况

进行药效学试验、毒理试验、临床试验、人体药代动力学与相对生物利用度测定等几个方面的试验，以此从各方面证明消渴丸在治疗2型糖尿病方面的有效性和安全性，以及其相对于格列本脲的作用优势。

技术方案及实施效果：

1. 药效学试验

①消渴丸和格列本脲相比，对正常小鼠血糖和肝糖原含量的影响试验。

试验结果表明：消渴丸和格列本脲均能降低正常小鼠血糖，而消渴丸中的中药组成部分（纯中药组）对正常小鼠血糖则无影响。提示消渴丸能降低正常小鼠血糖主要是格列本脲作用的结果。消渴丸以及格列本脲和纯中药组还能增加正常小鼠肝糖原的含量，与对照组对比，有显著性差异。

②消渴丸和格列本脲相比对链脲佐菌素所致糖尿病大鼠血糖、胰岛素和胰高血糖素的影响试验。

试验结果表明：对链脲佐菌素所致糖尿病大鼠，格列本

脲、纯中药、消渴丸两种剂量组均有明显降低其血糖的作用，而消渴丸2毫克/千克剂量组降血糖效果优于格列本脲组和纯中药组，提示消渴丸以中、西药合用，对糖尿病大鼠有增强其降血糖的作用。消渴丸两种剂量组和格列本脲有促进糖尿病大鼠血清胰岛素分泌的作用，而纯中药组这种作用不明显，提示消渴丸的这种功效，主要是格列本脲的药理作用。纯中药组和消渴丸2毫克/千克剂量组对糖尿病大鼠血浆高血糖素的分泌有抑制作用。而格列本脲的作用不明显，提示消渴丸有抑制胰高血糖素的分泌，主要是纯中药组起作用的结果。因而消渴丸以中、西药合用，既能促进胰岛素的分泌，又能抑制胰高血糖素的升高，对于改善糖尿病患者胰岛素分泌功能紊乱和降低血糖具有积极的意义。

③消渴丸和格列本脲相比对糖尿病合并高血脂大鼠的血液流变学和血脂的影响试验。

试验结果表明：消渴丸2毫克/千克剂量组和纯中药组均能明显改善糖尿病合并高血脂大鼠的血液流变学和各种指标，降低胆固醇，与对照组比较，$P < 0.01$，而格列本脲的作用不明显。提示消渴丸有改善血液流变学和有一定的降低血脂作用。

④消渴丸和格列本脲相比对环磷酰胺致小鼠碳粒廓清率下降和环磷酰胺使小鼠体重、脾脏质量减轻的作用。

试验结果表明：消渴丸两种剂量又具有对抗环磷酰胺致小鼠碳粒廓清率下降和环磷酰胺使小鼠体重、脾脏质量减轻的作用，与对照组比较，有显著性差异；而格列本脲则使环磷酰胺小鼠碳粒廓清指数明显低于对照组（$P < 0.01$），提示格列本脲有可能加重环磷酰胺致小鼠免疫功能低下，纯中药组则能明显对抗环磷酰胺致小鼠体重下降、脾脏和胸腺质量

减轻，提高环磷酰胺小鼠碳粒廓清指数，与对照组比较，有非常显著性差异（$P < 0.01$）。说明消渴丸能减少格列本脲的副作用，提高机体的抗病能力。

⑤消渴丸和格列本脲相比对链脲佐菌素糖尿病合并高血脂大鼠肝肾功能的影响试验。

试验结果表明：消渴丸等各用药组对链脲佐菌素糖尿病合并高血脂大鼠肝（GPT）肾（BUN）功能的影响均不明显，与对照组比较，无显著性差异，提示消渴丸和格列本脲均未造成糖尿病大鼠肝、肾功能的损害，但消渴丸等各用药组以及对照组 GPT 及 BUN 高于正常组，与正常组比较，有显著性差异，估计 GPT 高是由于链脲佐菌素所致，BUN 高可能是高脂乳剂所引起。

消渴丸治疗组 BUN、Cr、谷 – 丙转氨酶、透明质酸均略低于格列本脲治疗组，提示其有一定的保护肝、肾功能的作用。消渴丸治疗组的 TG、LDL 较格列本脲组低，HDL 则较高，提示消渴丸有改善脂代谢的作用。透明质酸为细胞基质中氨基酸聚糖与胶原纤维粘连蛋白及层粘连蛋白等按不同比例结合，构成具有组织特异性的细胞外基质。其随着组织中胶原含量升高，血中透明质酸也升高。目前的研究认为，血清中的透明质酸含量在一定的程度与肝的损伤程度有关，消渴丸治疗组透明质酸略低于其他组，提示对肝细胞有保护作用。消渴丸治疗组的胰岛素含量与 C 肽含量均略高于格列本脲治疗组，提示消渴丸有保护或恢复胰岛细胞功能的作用。

形态学观察可见消渴丸治疗组对心、肝、肾的损伤小于优降糖。

2. 毒理试验

大鼠长期毒性试验结果表明：消渴丸给 SD 大鼠灌胃 90

天，采用剂量分别为 10 克/千克（相当于人体临床用量的 80 倍，每天分 2 次给药）、5 克/千克（相当于人体临床用量的 40 倍，每天 1 次给药）、2.5 克/千克（相当于人体临床用量的 20 倍，每天 1 次给药）。各组大鼠生长发育良好，各项检查结果均在正常范围，各重要脏器剖检和镜检均未见病理性改变，提示消渴丸无毒性反应，服用安全，但需注意偶见的低血糖反应。

3. 小鼠急性毒性试验

消渴丸对 NIH 小白鼠灌胃给药，1 日 2 次共给药量为每千克体重 80 毫升，相当于消渴丸 35.2 克（丸重）/千克〔相当于成年人（60 千克计算）日口服量（7.5 克）的 280 倍〕。连续观察 7 天，动物未发现异常反应。第 8 天处死，经解剖，肉眼观察小鼠心、肝、脾、肺、肾、胃、肠等各器官均未发现异常改变。

4. 临床试验

采用随机阳性对照（对照药为优降糖）试验，共观察病例 405 例，其中消渴丸治疗组 304 例，格列本脲对照组 101 例。检测消渴丸治疗组与格列本脲对照组治疗后患者的空腹血糖、餐后 2 小时血糖及糖化血红蛋白的影响，并对口渴喜饮、多食易饥、体倦乏力、气短懒言的中医证候与格列本脲做对照研究。

试验结果表明：消渴丸治疗组对气阴两虚证的中医证候疗效：显效率为 45.06%，总有效率为 93.75%，格列本脲对照组的显效率为 19.08%，总有效率为 81.19%。两组中医症状疗效比较有统计学差异（$P < 0.01$），试验结果表明消渴丸治疗组对中医症状的改善优于格列本脲对照组。

消渴丸治疗组与格列本脲对照组治疗后患者的空腹血糖、

餐后 2 小时血糖及糖化血红蛋白均有明显下降，有显著性统计学差异，但两组间的改善比较没有显著性统计学差异。

消渴丸治疗组与格列本脲对照组治疗后患者的血脂均有明显下降，有显著性统计学差异，但两组间的改善比较没有显著性统计学差异。

消渴丸治疗组对口渴喜饮、多食易饥、体倦乏力、气短懒言的中医证候改善与格列本脲对照组比较有显著性统计学差异，消渴丸治疗组优于格列本脲对照组。

从该临床研究结果来看，消渴丸在保证了和格列本脲相同的降糖效果的同时，对糖尿病患者气阴两虚证的改善优于格列本脲。

5. 人体药代动力学与相对生物利用度测定

药代动力学研究结果表明：中药消渴丸与纯西药制剂中的格列本脲体内过程基本一致，消渴丸制剂的清除略显较快。此结果提示消渴丸的用药方案可参照格列本脲片剂。

生物等效性结果表明：广州中药一厂生产的消渴丸中的格列本脲与天津力生制药厂生产的格列本脲片生物等效。

第三章
企 业 未 来

本章看点：

●一家企业能否可持续发展，科技创新是永恒的保证。在国内药企群雄并起大都以营销为第一选择时，中一药业却坚定地认准科技创新，建立独特的产学研模式：从一个又一个大品种的二次开发，到以中药保护、专利等一个个适应时代发展的知识产权武器来护航。科技创新，已成为中一药业区别其他同行的独特脸谱。

●在国际环境、国内环境以及广东和广州建设中医药强省（市）目标的地方环境——医药产业发展的大背景下，中医药发展正面临前所未有的机遇与挑战，总体上应该是历史上最好的时代，这对中一药业来说同样如此。令人欣慰的是，在机遇与挑战面前，中一药业总会不断超越自我。

第一节 科研创新造就未来

创新是一个民族进步的灵魂，是一个企业兴旺发达的不竭动力，是企业发展的原动力和根本。多年来，中一药业一直走在科研创新的道路上，其间，有探索的坎坷，也有丰厚的收获。到目前为止，中一药业已经探索出一条产学研相结合的创新模式和体系，并清晰地认识到：产是基础，要出效益，提供经济保障；学是平台，要创特色，出人才；科研代表中一药业的健康形象，要有影响力，要出成果。三者互为支撑，相辅相成，不可偏废。只有这样才能形成"自身实力—接力科研院所—促进产业化—提升企业实力"的良性循环，企业长期发展的核心优势才能形成。中一药业未来将定位于科技型中药企业，通过一系列的创新机制打通产学研的关节，确立产学研一体化的创新发展体系，这种模式将带领中一药业更加稳健地走向未来。

一、独特的产学研模式

长期以来，虽然中一药业的消渴丸获得了令人瞩目的成绩，但随着企业的发展，其他产品由于没有得到及时调整和有力推广，企业过于依赖单一品种的劣势也逐步显现出来。2003年，受"非典"影响，消渴丸销售量下滑8%，直接造成中一药业净利润下滑。随着消渴丸的市场波动以及产品销售的生命周期，这种单品种独大，产品线不齐全的问题，在企业发展到一定程度后，变得突出起来。

2003年，中一药业着手进行改变。在对企业自身已有的市场优势和开发优势进行衡量之后，提出了"打造全国糖尿病药品生产基地和华南地区消化道药品生产基地"的设想，以"两个基地"建设为基础，构建中一药业产学研结合的发展新模式，朝着专业化的方向发展。

这一设想基于两方面的考虑：一方面，消渴丸是中一药业的优势品种，消费者对中一药业作为糖尿病药物生产企业的认知度较高，在临床医生中，对消渴丸认知度较高的西医生也占了大部分。利用消渴丸扩充糖尿病药物系列产品，不仅对中一药业打造专业糖尿病制造企业形象有利，而且利用已有的技术和网络，为新产品的推广也做了铺垫。

另一方面，企业自 2001 年合并了广州医药集团有限公司的另一家子公司广州众胜药厂之后，面临的一个问题就是对广州众胜药厂产品线如何进行整合。广州众胜药厂拥有众多的消化系统疾病治疗药物，部分品种具有一定的市场优势，两家合并后，消化系统疾病的治疗药物共达到 20 多个，具有形成专业品牌的潜力。

从国际大医药集团的发展特点来看，专业化发展是大趋势，只有基于专业化，才能在科技创新上积累更多的经验和力量，而且专业化能够向外界树立企业在该领域的权威性和品牌形象。

中一药业的主要品种大部分是处方药，按照国家食品药品监督管理局的规定，处方药不允许在大众媒体做广告。从提高企业知名度和树立品牌的角度考虑，中一药业在建设"两个基地"上，通过宣传"基地"来宣传消渴丸。

2004 年，中一药业围绕公司发展规划中提出的"打造全国治疗糖尿病药品生产基地和华南地区消化道药品生产基地"的发展目标，通过参加相关会议、上门走访等多种形式，与国内多家科研机构、高等院校等机构密切接触，以糖尿病和消化道系统疾病两方面为主攻方向，在全国范围内展开了新产品选题工作。

中一药业收集了大量的纯中药、化学药（复方）和保健食品等不同类型的项目相关资料，经过大量的分析、整理，并根据中一药业及广州医药集团有限公司的立项要求，进行了资料分析及专家论证等工作后，米格列奈片等多个糖尿病药研项目通过了集团公司立项。目前，项目的研究正在紧锣密鼓地进行当中。

开发化学药的一个主要缘由是西医医生对消渴丸和中一药业的认知度比较高。由于纯中药治疗糖尿病目前疗效存在一定的局限，而国际上，新一代糖尿病治疗药物正在推出，引领了新的技术潮流，作为以树立国内糖尿病药物企业第一品牌为目标的中一药业而言，这样的发展机遇不能错过。

为了加快"两个基地"的建设步伐，中一药业经过深思熟虑，对过去研发过程中存在的问题进行反思，对产品的研发思路和研发体系做出了如下的调整：

1. 研发思路

在新产品开发中选题立项是最重要的工作。中一药业以糖尿病用药和消化道用药两个方向作为新产品选题的重点。

糖尿病用药方面：化学药降血糖机制明确，疗效确切，但存在市场竞争激烈、专利保护等问题，立项投资的风险很大。而纯中药品种降血糖效果不明显，但其多靶点的作用机制以及对初发病、合并症的疗效已在国内外临床上得到了验证，若要使一个临床有确切疗效的验方成为成药，要走的路是漫长的，随之风险也很大。要打造中一药业糖尿病药物生产基地，走专业化的道路，就必须完善企业的产品结构。中一药业在全国多家知名的科技院所的帮助下进行选题论证，经过认真分析，已有多个项目完成选题立项，其中有化学药、中药、保健食品和食品，而且正在开展一系列的临床前和临床研究，有望在未来一二年内上市销售。

如消化道用药方面。中一药业在消化系统疾病用药中已经有较完备的产品群，由于产品安全有效、价廉效优，销售重点主要放在社区和二级市场。但是企业的发展也包括产品技术含量的提升以及现代生产技术的应用，中一药业仍不断收集资料，优先考虑疗效确切的、具有特点（卖点）品种的立项，通过开发技术含量高的产品，适应各类市场的需求。

2008年，中一药业在研新产品中有三类化学药1个，六类中药2个，五类中药2个，八类中药7个，保健食品1个。

目前中一药业销量较大、经济效益好的产品均是老产品，几个中药新产品推出市场后，都没有取得预期的经济效益。其中有技术、市场开发等很多方面的原因。新药开发周期长，从选题立项到新药上市销售，市场环境已经发生了变化是其中的一个重要原因。因此，中一药业也渐渐意识到，在选题立项时，做好各种相关信息的收集、整理、分析和利用工作，通过广泛收集人口分布、疾病谱、各地的经济状况等方面的信息，结合品种进行详细的分析，并对市场作出具有前瞻性的预测，以此减低新产品研发的投资风险。

中一药业的消渴丸、胃乃安胶囊等一线大品种均具有自主知识产权，也是独家中药保护品种，多年来对中一药业的经济增长起着极其重要的作用。面对老品种如何焕发新的光彩而被市场接受，中一药业对这些老产品有计划地进行二次开发，用更科学、规范的实验数据，为临床安全用药提供科学依据。

自主知识产权的保护，也是中一药业高度关注的领域。

医药市场的竞争是惨烈的，过去的行政保护已不能有效地对产品进行保护，要有效地保护企业的自主知识产权，让企业能持续稳定地发展，必须寻求法律保护。中一药业专门设有知识产权保护办公室，制定和实施企业的专利保护战略，企业内有多名专业技术人员从事该项工作，同时还聘请国内知名的专家为顾问，重点针对企业主导产品和独家品种开展全方位的保护，包括申请产品的发明专利、实用新型发明专利、质控方法发明专利、外观设计等。至2008年中一药业已拥有发明专利23项，实用新型专利5项，还有多项发明专利正在实审中。

2. 研发体系

1981年中药一厂在全国中药生产企业中率先成立了中药研究所，把企业内精干的专业技术人员集中起来，同时在高等院校招收应届毕业生，联合广东省的高等院校和科研究所人员，对临床安全有效的医院制剂进行科学规范的研究，开发了消渴丸、胃乃安胶囊、乌蛇止痒丸、滋肾育胎丸、金佛止痛丸等一批新产品。1985年国家颁布了《新药审批办法》，严格规范了新药研究的要求和注册程序，中药一厂的中药研究所通过几年的实践，已培养了一批朝气蓬勃、勇于实践的科技人员，在短短的几年里，又取得了便秘通、胃热清胶囊、紫地宁血散等多个中药新药的生产批文。之后的中一药业的领导班子成员和中层干部中，就有很多人曾在研究所工作过，因此企业的研究所曾一度被大家誉为"黄埔军校"。2000年为了使新产品的研发和推广更多地适应市场的需求，中药研究所改为产品开发部，并于2006年10月20日在中一药业产品开发部的基础上，成立了全国第一家糖尿病药物研究工作室——"中一"糖尿病药物研究工作室，将糖尿病药物研发更专业化和科学化。经过一年的运作，不断完善了工作室的各项管理标准和操作规程，加强了绩效考核，提高了科研人员的工作效率和成就感，在此期间取得了米格列奈片的新药证书和生产批文，完成了多个中药和化学药新药的临床前及临床研究，完成了多个独家品种再开发的临床前研究。科研项目研究进度和效率明显加快，取得了良好的成绩。通过多年的实践，中一药业已经形成了一套行之有效、比较成熟的新产品研发和产业化运作机制。

"中一"糖尿病药物研究工作室成立仪式

2007年，"中一"糖尿病药物研究工作室通过了广州市科技局、广州市经贸委和广州市发改委的审核，正式升级为广州市中一药业治疗糖尿病药物和保健食品工程技术研究开发中心（简称广州市中一糖尿病药物工程技术研究开发中心），组建了第一个以企业为主体，联合全国各地多位知名糖尿病医学、药学管理专家和多家科研院所的产学研相结合的，以糖尿病药物、保健食品为研究方向的企业工程技术研究开发中心。

"中一"糖尿病药物研究工作室成立暨新闻发布会

广州市中一糖尿病药物工程技术研究开发中心可行性论证会

中一药业建立糖尿病药物工程技术研究开发中心，是基于企业多年科研实践的一个新的发展策略。广州拥有良好的科研技术环境，拥有中山大学、广州中医药大学、广州医学院等多间高等院校及新药研发机构；广州生物产业基地被正式纳入国家生物产业基地布局，在广州，国家生物产业基地将重点发展基因工程药物、现代中药、化学合成创新药物、海洋药物等四大生物医药领域，着力发展生物农业，推进生物服务业发展，力争成为全国重要的综合性生物产业研发、生产和出口基地。同时广州与港澳台及国外的便捷化交流，也方便企业能及时了解、吸收药物研究的信息。在全国范围内，中一药业还有与北京大学、中国科学院、中国中医科学院、北京中医药大学等的合作基础。这些均为组建工程中心提供了良好的技术、研发环境。

中一药业曾承担过多项市级以上的科技开发项目，如广州名优中成药指纹图谱质量控制示范研究——便秘通口服液色谱指纹图谱研究、消渴丸压丸工艺攻关、广药集团名优产品原料药材规范化种植——黄芪药材规范化种植等，均取得了较好的成绩，对本公司的科学技术水平起到了很好的促进和提高作用。这些均为本公司今后科研项目的研究、管理工作打下了坚实的基础。

中一药业的产品开发部拥有比较雄厚的科研实力，其中科研人员具有高中级职称、博士学位和硕士学位的占85%，大部分科研人员拥有多年药物开发经验；通过老中青相结合组成项目组，在工作中学习，在工作中共同提高。部门拥有高效液相色谱仪、薄层扫描仪及数码影像系统等较为齐全的质量标准研究仪器，拥有压片机、喷雾干燥机、干法制粒机、高效包衣机等比较完善的工艺小试、中试设备。中一药业的产业化研究基地设在云埔工业区的生产车间，云埔生产基地占地 12 万米^2，具备先进的药品设备及齐全的配套设施，具有较大的片剂、胶囊剂、丸剂、颗粒剂、散剂、合剂等药品的生产能力。云埔厂区已全面通过了我国药品 GMP 认证和澳大利亚的 TGA 认证，具有成熟的药品生产管理经验和较高的生产技术管理水平。更重要的是企业对科研的投入每年均超过销售收入的 3% 以上，为工程中心的升级提供了资金保障。

从全国糖尿病治疗领域的研究进程来看，广东省糖尿病药物工程技术研究开发中心是广州市乃至广东省第一个由企业组建、针对性较强、以治疗糖尿病药品及保健食品的研发为主带动产业化一系列研究开发工作的机构。不仅是中一药业、广药集团治疗糖尿病药物、保健食品和食品的研究中心，还是广东省治疗糖尿病药物、保健食品、食品的主要研究开发中心。

在建立广东省糖尿病药物工程技术研究开发中心的同时，中一药业根据国家有关法规要求，结合中药企业的实际，制定了科研项目管理办法、科研项目奖励管理办法、新产品研发的工艺、质量标准、药理毒理和临床研究等一系列新产品技术研究和技术管理的标准操作规程，形成了一套较为成熟、完善的科研管理机制，逐步建立起以企业为创新主体的现代企业科技开发体系。

广东省糖尿病药物工程技术研究开发中心的主要研究任务包括：重点进行治疗糖尿病中药新药的研究，治疗糖尿病化学药品的研究，调节血糖的保健食品的研究，适合糖尿病患者服用的食品的研究，具有确切疗效的治疗糖尿病药品的二次开发研究。此外，广东省糖尿病药物工程技术研究开发中心还将进行与新产品、新工艺有关的新技术的应用研究，如超临界提取技术、微波提取技术、超声波提取技术、大孔树脂纯化技术等的应用研究。

广东省糖尿病药物工程技术研究开发中心设在中一药业云埔生产基地，面积超过 2 000 米^2。目前办公室和质量标准研究室已投入使用。相比于之前的企业研究所，无论从研究领域、研究方法和研究环境，都有了一个较大的突破和创新，成为支撑中一药业的整个创新体系的"核心"。

从 1981 年成立行业内第一家企业研究所开始，到"两个基地"的建设，再到广东省糖尿病药物工程技术研究开发中心的设立，至今已有 28 年历史。中一药业如今拥有的研发实力，由当年的 3 名技术员发展到今天从事高新技术产品研究、开发的科技人员的 131 名，全部具有大专以上学历，占职工总数的 10.82%。其中高级职称 10 人，中级职称 48 人，初级职称 62 人，博士 3 人，硕士 6 人，本科 51 人。在此工作的均为专职的研发人员，他们通过长期的药品研发工作，已经发展成为一支具有丰富的新产品研发及产业化经验的科技人才队伍。

广东省糖尿病药物工程技术研究开发中心计划每年引进 2 ~ 3 名高素质的学科带头人和专业技术人员，除此通过职业技能培训提高现职科研人员的素质和水平，不断充实和提高研发力量和研发水平。2007 年，又引入了博士后工作站，力求组建成一支高素质、高水平的研发人才队伍，使企业在糖尿病药物和保健食品的研发水平达到国内领先水平。2007 年，杨龙飞博士携糖尿病及其并发症的中医药干预——中一牌消渴丸循证医学研究项目成功进入博士后工作站，成为中一药业首位由企业自行培养的博士后。

广东省糖尿病药物工程技术研究开发中心将向着国家重

点实验室的方向努力，不断完善创新体系，为人类的健康而奋斗。

消渴丸循证医学研究方案讨论会

与中国中医科学院联合培养博士后签约仪式暨博士后开题报告会

在科研人员的管理体制上，中一药业也尝试进行改革，从原来的专业组到项目负责制，针对新的科研项目和企业战略的推进，实行项目负责制以激励科研人员出成果，也鼓励科研人员向着更为专业化的方向发展。

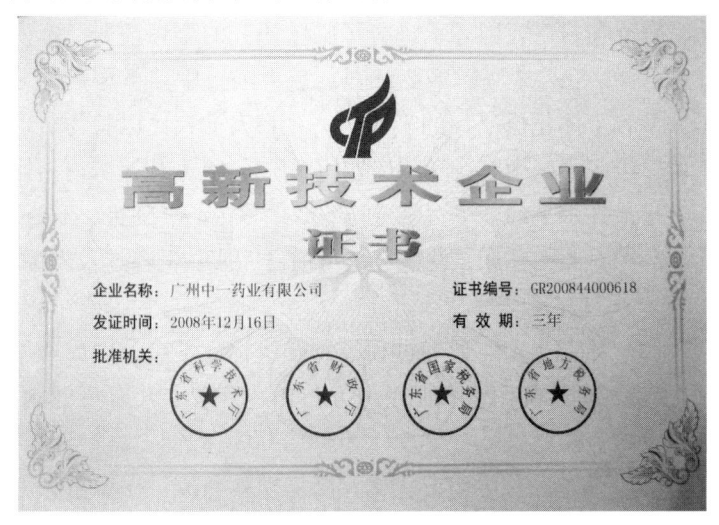

广东省高新技术企业证书

与当年的企业研究所尚需从事"三来一补"挣取外汇，积蓄研究经费相比，28年后，中一药业对科研的重视程度逐渐提升。长期以来，中一药业一直将销售额的2%～3%投放到科研之中，近几年更是再次将这一比例提高。2008年荣获广东省高新技术企业称号。

通过"两个基地"的建设，中一药业搭建起了一个在专业范畴内多梯度、多产品层次结构的金字塔形产品结构，以科研利器支撑起中一药业的整个未来发展规划。

中一药业曾承担过多项国家、省、市级科技开发项目，均取得了较好的成绩，对中一药业的科学技术水平起到了很好的促进和提高作用，为今后科研项目的研究、管理工作打下了坚实的基础。

（1）国家"863计划"项目子课题：中一牌消渴丸循证医学研究项目已在国际上进行了临床研究的全球注册。本研究是"十一五"国家"863计划"重大项目中"糖尿病的分子分型和个体化疹疗"的子课题。北京大学人民医院为负责单位，组织中国中医科学院广安门医院等18家代表国内糖尿病治疗最高水平的三甲医院进行800例多中心、随机、双盲、活性药物对照的临床试验研究。目前已完成病例筛选及入组，2009年9月完成全部临床研究。

（2）中药生产工艺和过程控制技术标准平台—中成药生产过程控制技术示范性研究—消渴丸：国家重大新药创制，立项支持，课题编号：2009ZX09308 - 003。

（3）清热通脯方组方优化和降糖功效研究：国家重大新药创制项目，课题编号：2009ZX09103 - 312。

（4）具有降糖和保护胰岛双重功能的治疗糖尿病1类新药 AL - 1 的研制：由暨南大学与中一药业合作，列入科技部重大新药创制项目。项目正在顺利进行中。

（5）治疗2型糖尿病五类中药新药知母多酚胶囊的研究项目：2007年广州市粤港关键领域重点突破招标项目、广东省经贸委中药现代化技术创新项目。目前已取得临床研究批文，完成Ⅰ期临床研究，正在进行Ⅱ期临床研究。

（6）治疗胃动力中药木香胃泰滴丸的研究项目：2007年广州市发改委生物医药发展专项、2007年广东省粤港关键领域重点突破项目，目前正在顺利进行。

（7）胃乃安胶囊二次开发研究项目：中一药业与广州中

医药大学合作，列入 2007 年广东省粤港关键领域重点突破招标项目。项目正在顺利进行中。

（8）广州市重大科技攻关项目便秘通口服液指纹图谱研究项目：2001 年 8 月立项，2003 年 10 月完成。2004 年 2 月进行成果鉴定及登记。该技术在国内处于领先地位，为中成药全面质量控制和药材 GAP 基地的建立提供了可靠的依据。

（9）消渴丸压丸技术攻关项目：2002 年立项，于 2005 年 12 月完成。该项目达到预期的技术目标，为中一药业消渴丸新的制备技术打下了良好的基础。

（10）广药集团名优产品原料药材规范化种植——黄芪药材规范化种植和消渴丸二次开发（中药八类）项目：均为广州市科技局科技攻关项目，分别在 2006 年和 2007 年立项，均正在顺利进行中。

二、中一利器

从 1981 年中药一厂在全行业第一家成立了研究所开始，中一药业就逐步构筑起一个整体的研发体系，并在这个过程中不断地调整研发的思路和重点。在对中一药业研发体系的阐述中不难看出，二次开发的策略和专利保护的策略无疑是思路的重中之重，是其谋求领先他人一步的利器。

中一药业在结合研究国家医药发展政策和行业发展状况，并在结合企业发展基础之上得出的一个结论：二次开发和专利保护是中一药业应走的科研之路。

2002 年，国家正式公布了第一部中药现代化发展的纲领性文件《中药现代化发展纲要》（以下简称《发展纲要》）。其中提出的战略目标之一，就是为开发出一批疗效确切的中药新产品，在保证中药疗效的前提下，改进中药传统剂型，提高质量控制水平，加快疗效确切、使用安全、质量可控的中药新产品的开发。

按照《发展纲要》，到 2010 年，我国要开发出 100 个中药新产品，完成 100 个传统中成药的二次开发；完成现有国家中成药标准品种整理、提高工作；扩大高附加值、高科技含量中药产品的出口份额，争取 2~3 个中药品种进入国际医药主流市场。从中可以看出，国家非常重视中药的二次开发。

目前，中药研究从以下 4 方面进行：一是新药开发，总结临床应用经验，发现新的或独特功效，研究中药有效部位和有效成分，开发中药 1~5 类新药；二是临床经验方、医院制剂、中药复方制剂、中药 6 类新药的开发；三是整理提高，包括已有中成药的二次开发，以现代科技阐明药效作用，提高临床用药的准确性，完善内在质量，强化"可控"、"稳定"，提高制剂工艺，改进剂型，适应当代社会需要；四是进行基础研究，阐明中药及其复方的药效物质基础和作用机制，发展和促进中药学新的生长点，推陈出新。中药的二次开发受到了国家和中医药行业的重视，其实并非盲目。

因此，我国的新药研发可采取对已有明确疗效和市场前途的中成药进行二次开发，将低投入、低风险、高成功率的中药二次开发作为重点。中药的二次开发必将成为我国中药企业应对市场竞争的有效手段。

中药二次开发的对象主要选择已通过国家药品标准，经过多年的临床应用证明安全有效、质量可控但剂型尚待改善、工艺仍有提升空间的大品种。这种中成药在组方和临床上符合中医理论，保持了中药的本质特征；其临床的有效性亦提高了新药开发的针对性，减少了盲目性，可缩减开发费用及开发周期，意义重大。通过二次开发，企业也可以建立一个新的平台，对传统是一个继承，对未来也是一个发展。

一个企业的发展，离不开对大环境、大趋势的观察与洞悉，如何结合大环境，与企业本身的实际相联系，决定了这个企业是顺势而进还是逆势而动。中一药业无疑把握住了这样的一个结合点。

中一药业经过分析认为，企业目前的各大产品线中，大多数品种为早期研制成功的药品，存在剂型落后、基础研究缺乏等问题。而产品的疗效和质量，是产品生命力和市场开发的基础，产品基础研究资料的提高和完善，是产品生命力的延续，也是产品与其他品种形成差异化、扩大市场占有率的必要条件。

要解决老产品存在的问题，需针对不同的品种，从两方面入手：一是对于疗效确切的品种，如剂型、服用量等都与适应证相适用，则可以考虑从完善该品种的基础研究资料入手，进一步验证药品的作用效果、机制或进行增加适应证等方面的研究，提高产品的核心竞争力；二是对于剂型、服用量、工艺等存在明显不合理、患者服用困难的，靠简单的补充基础研究资料不能解决问题的品种，则需对其进行二次开发，从工艺、质量标准等方面全面提高产品的技术含量。

为此，中一药业制定了老产品二次开发的策略，主要内容包括：

1. 品种基础研究完善计划

这主要是针对中一药业的重点产品消渴丸。由于格列本脲的基础研究在国外已有多方面的文献报道，消渴丸产品的基础研究特别是中西药结合的优越性研究在近年来亦不多，甚至比一些后来的纯中药制剂还少，技术资料的短缺大大制约了产品的市场拓展空间。由于消渴丸在今后 5 ~ 10 年仍是中一药业的主要产品，要保证该产品的稳定发展，市场不被同类产品所侵蚀，对产品的基础研究势在必行，且必须先行。中一药业近年来在这方面亦做了一些工作，"十一五"期间，中一药业计划继续对该产品进行基础研究，希望能通过对产品的理论论证，进一步焕发产品的生命和活力。

中一药业的调胃消滞丸、辛夷鼻炎丸两个品种都有确切的疗效，但基础研究资料较少，若能从机制上证实两者各自的作用，将为两个品种重新注入生机。因此，中一药业计划对这2个品种进行充分分析，确定其基础研究完善与提高的具体方案，制订工作计划，并在"十一五"期间完成研究。

另外，中一药业还计划开展金佛止痛丸对于痛经，消渴平片对于糖尿病并发症，障眼明片对于病前预防、术后保健、糖尿病视网膜病变的预防与治疗等方面的基础研究工作。

2. 品种二次开发计划

企业除了对消渴丸、胃乃安胶囊等品种进行二次开发外，还将继续进行金佛止痛丸、鼻咽灵片两个品种的二次开发工作，且对妇炎消泡腾片等品种进行二次开发可行性的分析论证工作，争取在"十一五"期间开展最少一个老产品二次开发项目的立项研究工作。

以严谨的科学态度对待二次研发尤显重要，产品的成功，往往就建立在一点一滴的、稳扎稳打的二次开发过程中。最好的例子，仍然是消渴丸。

2007年10月，企业的全国独家拳头产品中一牌消渴丸，在经过长期的临床观察和严谨的药理试验基础上，经有关糖尿病专家反复论证，对产品说明书进行了修改。在新版说明书中，消渴丸的服用方法由"餐后服用"改为"餐前服用"，此项修改已报经国家食品药品监督管理局批准。对用药时间进行的调整是生产企业恰到好处地运用运筹学的智慧来管理药物服用后的药效，使消费者用药更为有效、安全，达到药物治疗目标的科学控制。中一药业在充分考虑药物的安全性及有效性的前提下，力求使消渴丸治疗糖尿病的用药方案达到最优化，是严谨的科研态度和对消费者负责的具体体现。折射出中华老字号、百年老厂的实事求是、与时俱进、科学严谨、锲而不舍的科学精神，更体现出中一人对病患者认真负责的职业态度和人文关怀。

3. 发明专利保护的策略

2007 年 12 月 28 日，中一药业宣布，中一牌消渴丸获得国家发明专利授权，获得 20 年的专利保护期限。这也意味着，这一广东在全国销量最大的中成药，在经历 12 年国家中药保护后，从中药传统保护模式向国际通用专利保护模式成功转型。

专利与技术相结合，在高水平的研发基础上，加大专利保护力度，正是中成药企业参与市场竞争，并能保持产品持久竞争力的另一大利器。正如美国总统林肯曾经所言："专利是浇在智慧火花上的利益之油。"

如何适应并利用现有的专利制度，对企业的科研优势和市场优势进行保护，始终贯穿于中一药业的整个产品开发过程之中。2007 年中一药业获得的消渴丸发明专利保护，就是一个例证。消渴丸获得的发明专利是治疗糖尿病的药物组合物及制备方法、消渴丸质量控制方法，证明了消渴丸的新颖性、创造性和实用性。

1995 年，消渴丸被列为国家二级中药保护品种，首度获得该品种 7 年的中药保护期；2002 年获得延长保护期至 2009 年。随着消渴丸 20 多年的持续畅销，市场中一些"傍名牌"

行为也随之而来。为保护消渴丸的知识产权，根据当时广东省中成药保护法规，中一药业先后申请了广东省中药保密品种以及国家中药保护品种，其处方和制备方法一直没有公开。但近年来，随着药品注册政策的调整，作为保密品种的消渴丸已不能满足广大消费者知情权的需要，药品的组分与工艺倾向于向大众公开。再加上一些企业打着研发改进的幌子，用不正确的消渴丸组方进行仿制，甚至恶意抢报类似消渴丸的处方和工艺专利，对广大消费者的安全用药构成极大的威胁。

为此，中一药业在不断对消渴丸进行二次开发和临床的基础上，决定引入国际通用的专利保护模式，对消渴丸知识产权进行保护。最终，消渴丸治疗糖尿病的药物组合物及制备方法正式获得国家发明专利，是我国治疗糖尿病民族药物中，首个获得国家发明专利的创新药物。据悉，目前市场上很少有上市 10 年以上的中成药能够取得类似专利。

解决专利保护问题，对消渴丸来说将是发展的重要转折点。此次获得国家发明专利，消渴丸将获得 20 年的专利保护期，中一药业也可以放心大胆地加大科技投入进行二次开发和进一步药理学研究，争取以消渴丸为中心，将中一药业打造成全国最大的口服糖尿病药物基地。

中一药业长期以来，非常重视知识产权的保护工作，截至 2007 年，企业共申请专利 201 项，其中发明专利 20 项（含 PCT 专利 1 项）、外观 165 项、实用新型 6 项。已获授权的发明专利有 16 项，实用新型 1 项。

2008 年 1 月 21 日，广州市人民政府知识产权办公会议办公室发文认定中一药业等 95 家企业入选广州市进出口优势企业知识产权工作推进计划首批试点企业。在专利的保护策略的实施上，中一药业又向前迈进了一步。

附：中一药业发明专利一览（截至 2008 年底）

序号	专利名称	实施品种	专利号
1	一种治疗糖尿病的药物组合物及其制备方法	消渴丸	ZL200610075069.6
2	一种治疗消化性溃疡的中成药及其制备方法	胃乃安胶囊	ZL200510037077.7
3	一种治疗内出血的中成药及其制备方法	紫地宁血散	ZL200510037074.3
4	一种治疗痛症的中成药及其制备方法	金佛止痛丸	ZL200510037075.8
5	一种治疗乳腺增生的中成药及其制备方法	乳核散结片	ZL200510037076.2
6	治疗便秘的复方中成药	便秘通	ZL93100624.4
7	一种治疗消化性溃疡的中成药	胃热清胶囊	ZL00117361.8
8	一种治疗痛症的中成药颗粒剂的制备方法	金佛止痛丸	ZL200510101095.7
9	知母总酚的提取物及其制备方法和用途	知母总酚	ZL03150879.0
10	治疗充血性心力衰竭的药物及其制备方法	养心康片	ZL200410015005.8
11	一种消渴丸的质量控制方法	消渴丸	ZL200410051251.9
12	一种采用薄层色谱法检测乳核散结片的方法	乳核散结片	ZL200410051238.3
13	鼻咽灵片的质量控制方法	鼻咽灵片	ZL200410051240.0
14	滋肾育胎丸的质量控制方法	滋肾育胎丸	ZL200410051237.9
15	一种金佛止痛丸的质量控制方法	金佛止痛丸	ZL200410051241.5
16	胃乃安胶囊的质量控制方法	胃乃安胶囊	ZL200410051242.X

序号	专利名称	实施品种	专利号
17	障眼明片的质量控制方法	障眼明片	ZL200410051243.4
18	原料药材白术指纹图谱测定方法	便秘通	ZL200410028081.2
19	一种液体饮料及制备方法	山菊饮	ZL93100625.2

第二节　迎来中医药发展的最好时代

为了振兴中医药产业，1996年，国家有关部委提出了以中药国际化为理念的中药现代化口号，2002年又制定颁布了《中药现代化发展纲要》，至此中医药开始迈上现代化道路。近年来，我国中药产业获得了较为快速的发展，年平均增长速度达20%以上。目前整个中药产业的产值约700亿元。2006年我国中药类产品出口达到10.9亿美元，同比增长34.23%。

但是，从总体情况来看，我国中药产业的发展水平并不理想，中成药企业基本上以中小企业为主，行业集中度低。在国际市场上，中药出口所占份额也很少，与我国天然药物大国的地位极不相称。另外，中医药在国际市场上仍处于尴尬地位，身份难以合法化。由于地位尴尬，中医药虽然在世界100多个国家有市场，但普遍难以进入国际医药和保健品的主流市场，大部分只能在华人圈里使用。

中药在国际上的地位是让人沮丧的，目前我国拥有中成药6 000余种，每年推出新药种类虽很多，但具有国际竞争力的却很少。相比日本、韩国等东南亚国家，因其大量的科研投入，并与西方主流医学的接轨，在中成药的开发上占据了比中国还有利的地位。据统计，我国中医药企业在研发上的投入平均只占其销售收入的2%～3%，而广告投入却占了10%～15%，相当多的企业采取短、平、快的发展方式。

正是由于发展中的种种问题，进入新世纪以来，关于废除中医中药的一些不和谐之音时有出现，这些声音虽然偏激，但也不能不引起中医药行业的反思和自省。对于一个立志于成为中医药文化复兴者与宣扬者的企业来说，要充分地认识到中医药在发展中存在的问题，要清醒地认识到自身存在的不足和缺点，要认识到中医药发展的任重道远。唯有如此，才能够不满足于现实，不裹足不前，才能够立足于世界医药之林，将中药的旗帜发扬光大。

中一药业作为华南中医药产业的一面旗帜，在广东省关于建立中医药强省的号召之下，应该承担起这种责任，不应该仅仅满足于"300多年"这一成为"过去式"的旧日辉煌，而更应该着眼于现在，着眼于未来，思考如何成为中国乃至全世界医药企业中的佼佼者。

虽然外部环境存在着一些这样那样不尽如人意的地方，但更应该看到，外部的环境更多的是处在一个发展与壮大的大好时期，"这是一个最好的时代，也是一个最坏的时代。"但相对于过往，环境的变化正越来越偏向于"最好的时代"。

首先，来自政策层面的利好。在国家医药产业的"十五"计划中，已经为中药产业打下了一个很好的基础。"十五"期间国家鼓励中药现代化，鼓励采用现代科学技术改进质量控制指标和方法，完善质量、技术标准体系，进一步与国际接轨；国家积极推进中药材生产规范化、产业化和集约化进程，建立中药材生产质量管理标准体系，推广中药材的规范化种植；鼓励和支持中药提取物的标准化、商品化生产；逐步制定全国统一的饮片炮制规范，加快中药饮片浓缩颗粒和优质饮片的研究，建立饮片质量标准体系，加强毒性中药饮片的生产管理。中成药生产要积极推广应用先进的提取、纯化和制剂技术，提高产品的技术含量，加快现代技术在中药生产中的应用，开发新的中药剂型，加强重点中药企业技术改造。应该说，在国家政策的支持下，我国中药产业现代化在"十五"时期已经得到了很大的提高。

2006 年，由科技部、卫生部等 16 部委联合发布的《中医药创新发展规划纲要 2006～2020 年》（以下简称《纲要》），为中医药的发展提出了一个更为广阔的设想和规划。

《纲要》表明了国家将全面支持中医药发展，并为中医药创新制定了全局性规划。由 16 个部委来共同支持中医药创新，这在中医药发展史上还是头一次。

根据中医药的特点、趋势及面临的关键问题，《纲要》提出了"继承与创新并重，中医中药协调发展，现代化与国际化相互促进，多学科结合"的基本原则，确定了"继承、创新、现代化、国际化"四方面基本任务，提出了中医临床研究、中药产业发展、基础理论研究、标准规范研究、创新体系建设、国际科技合作等 6 个优先领域。

一些新的机遇也在出现。当前，由于从化学合成物中筛选新药的难度越来越大、时间越来越长、投入越来越高，并且化学药物对人体具有毒副作用，及易产生抗药性和药源性疾病等特点也越来越明显，许多国家转向了天然药物的研究、开发和利用，使其成为继化学药物、生物制剂、基因工程类药品之后最具发展前景的特色产业。

《纲要》也指出，今后 15 年将是中医药发展的关键时

中一之路

期，国家将制订若干鼓励中医药发展的政策法规，建立国际社会认可的中医药临床治疗、中医教学、科研等标准体系框架，以争取中医药的合法地位，使中医药能够进入西方国家医院、药房和医疗保险系统。

随着国际上对天然药物需求的不断增加，我国中药现代化水平的不断提高，以及发达国家对我国中药的认同感加强，我国在中药国际化程度将有所深化，在"十一五"时期将有一定数量的中成药正式进入国际药品市场。

更大的机遇还来自国内市场的扩大。随着新医疗体制改革的实施越来越接近日程，一个更为庞大的中国市场正在向中药企业展开，特别是一些具有品牌优势的企业。"三医联动"，加快基层医疗体系的建设，医疗卫生事业发展以"治疗为主"转向以"预防"为主，全民医保范围的扩大，城镇居民医疗保险体系的建立，农村医疗保险覆盖面的扩大，流通领域的扶强做大等等，这一系列的措施，都昭示着中国药品市场需求的扩大，对中医中药的重视，对于规模型和有品牌的企业而言，都将成为这一系列政策的得益者。

机遇与危机是同时并存的。近几年来，一些植物药消费和生产比较发达的西欧国家（如德国、法国等）的制药公司开始仿制我国传统的中成药，并逐步打入我国中药市场；日本和韩国从我国进口中药材，加工成中成药之后大量返销我国。近几年我国中药进口高速增长，主要来自德国、法国、日本以及我国的香港和台湾等地区；中药材进口增长主要来自加拿大和美国。

至2005年，中国已与70个国家签订含有中医药内容的政府协议，中医在澳大利亚、南非等国以法律形式得到承认和保护，针灸在许多国家获得法律许可。每年全世界中草药、中成药贸易额已突破 150 亿美元。欧洲约有 30% 的人使用过中药，10% 的德国医生接受过针灸入门训练。欧盟第七框架计划（FP7）下已经设立了中医药的科技合作项目。

在"十一五"时期，随着我国中药进口关税的降低，特别是医药流通领域的开放，进口中药和其他植物药对国内市场的冲击将更加明显。而中药制药行业的外商投资企业比例相对较低，仅在 16% 左右，从而也导致国外制药公司有更强的进口动机。

因此，我国中药业的竞争格局主要表现为：本国企业之间的竞争，以及国外产品的冲击。当然，我国中成药的很多老字号药业和传统配方在民间拥有很高信誉，在加强药品知识产权保护的条件下，将这些老字号药业和传统配方与现代医学结合起来开发具有民族特色的中成药新药，可以传承和扩大传统中药在本土市场的影响，发挥无形的比较优势，抵制"洋中成药"的市场冲击。

这是在宏观的大环境中对未来中药产业面对的机遇与挑战所作出的判断，而对于中一药业所处的广东省这个相对小的产业环境，同样也面临着一系列的机遇与挑战。自从广东省和广州市相继提出"建设中医药强省"和"建设中医药强市"目标之后，如何在这个产业的整体规划中发挥自己的作用，体现自己的价值，并抓住这些产业规划所带来的机会，也是中一药业未来规划要结合的一个方面。

在广东省，广州医药集团有限公司是龙头制药企业集团，可以说是这个产业规划的一个主要承载体。为此，广药集团提出了在"十一五"期间要向超 400 亿目标迈进，实现跨越式发展。在广药集团、广州药业提出的"能快则快、持续发展"方针的引领下，中一药业也将坚持"做大做强、快速发展"的经营理念，着力打造全国糖尿病药品生产基地和华南地区消化道药品生产基地，为广药集团实现"打造医药集团旗舰"的宏伟目标作出更大的贡献。

对于中一药业的大品牌消渴丸而言，未来也面临着一系列的机遇与挑战。

根据调研报告，我国目前糖尿病口服用药市场规模约为180亿元，2006~2010年，预计每年新增糖尿病患者150万人，估计诊断后接受用药治疗的约占30%，按每年用药费用1 200元计算，每年约增长5.4亿元。至2010年，糖尿病用药市场容量将超过200亿元，目前，多个国际医药巨头在治疗糖尿病用药方面投入巨资进行研发，其中，西药占据了糖尿病治疗药品市场的大部份额。与竞争对手，特别是国外制药巨头相比，中一药业的新药研究水平、产品结构、制剂剂型和品种规格等各方面都存在很大差距。因此，"十一五"期间中一药业将着重科研创新，从提高新产品研究水平、提高现有产品技术含量、以打造"两个基地"为目标，完善产品结构等方面来缩短与竞争对手的差距，不断提高糖尿病用药市场的占有率。

是时候制订未来的发展规划了。"雄关漫道真如铁，而今迈步从头越"，是时候向自我发起挑战，走向一个全新的未来的时候了。

第三节　超　越　自　我

一、科研创新方向

中一药业将继续以科研创新为支撑，融合高新技术和现代工艺，实现中药现代化，提高企业核心竞争力，以治疗糖尿病系列产品和消化系统药品为主线，着力打造全国糖尿病药品生产基地和华南地区消化道药品生产基地，走差异化发展道路，将"广药中一"品牌建设成为全国著名品牌。

"十一五"期间，中一药业将根据新产品开发方向，完成一个以上治疗糖尿病的纯中药品种、一个以上中西药结合品种项目的选题立项工作，完成最少一个治疗胃肠道疾病用药的选题工作，继续进行治疗糖尿病并发症项目的选题工作。

保健食品，特别是调节血糖类的保健食品将是中一药业近期重要的研究方向。在"十一五"期间，将进行最少两个保健食品项目的选题，并完成研究。同时，完善现有产品的基础研究，提高产品的技术含量。

加强药品基础研究和二次开发，改进产品工艺、剂型，提高产品技术含量，提炼药品卖点，进一步研究产品适应证，扩大产品的使用范围和适用人群，增强产品市场竞争力。

二、产品发展战略

继续贯彻和实行企业打造"两个基地"的方针，提出以糖尿病用药市场开拓为核心，建设药品、保健品、食品3大产品群，将企业经营范围向糖尿病患者下游市场延伸，利用企业品牌优势和专业优势，创造国内最大的糖尿病系列品牌。消化系统用药以广东市场为主，辐射华南市场，终端拓展工作重点将以零售为主，样板医院市场开发为辅，同时拓展外科、五官科两大专科产品。

在工作目标上，中一药业提出，到2010年，要拥有糖尿病系列产品（包括西药、中成药、保健品、食品）至少10个，该类产品销售规模超过10亿元，消化道系列产品规模超过 1.5 亿元。其中除了消渴丸要继续扩大销售额之外，中一药业其他的产品群也要实现突破，如乳核散结片要突破亿元大关，障眼明片、三七化痔丸、辛夷鼻炎丸、米格列奈片等产品要突破 5 000 万元销售大关。

除了整体大方向上的规划，中一药业还将未来的规划细化到各个不同的产品线上，分重点产品进行规划。

1. 糖尿病用药

重点是消渴丸，消渴丸虽然是一个有着 29 年历史的老品种，但市场机会仍然非常广阔，糖尿病用药市场潜力巨大。糖尿病已成为中老年人常见病、多发病。糖尿病患者中接受药物治疗的人群不足 40%，随着对糖尿病防治工作的不断深化，用药人群将不断上升。糖尿病目前还不能根治，病患者需要长期接受药物治疗，能为产品创造长期忠实的客户群体。基层市场、农村市场是消渴丸的主流市场，其潜力巨大，有待开发。随着糖尿病患者对糖尿病知识的不断丰富，对于治疗有一个从医生推介到自我选择的过程，对于疗效确切、价格相宜、副作用少的产品，会有较高的忠诚度。磺脲类药物与其他类抗糖尿病药物可能联合使用，有效开拓了产品的市场份额。

但同时消渴丸也面临着诸多挑战，主要包括：糖尿病药物市场竞争激烈，磺脲类药物同类产品受短效磺脲类药物的市场竞争冲击，其他类别的降糖药物在治疗方案上具有优势。国内企业生产的抗糖尿病药物价格不断下降，对于消渴丸价格优势造成威胁。国家相关政策出台（广告法、药品分类管理、中保到期）更有利于终端力量强大的外资或合资企业，有利于医院销售，对于消渴丸市场开拓造成极大影响，并对其获得的行政保护造成强大冲击。由于糖尿病不能根治，糖尿病患者对目前药物治疗的疗效满意度一般，期待有新的药物出现。

针对这一系列的机会和挑战，中一药业将消渴丸的市场营销策略进行调整，目标人群定位在 35~65 岁的 2 型糖尿病患者，具有一定的胰岛功能，肝肾功能正常者。提出以全国各省、直辖市均为产品重点目标区域，目标终端要做到零售药店、医院并重。在主要销售区域，消渴丸零售药店的铺货率目标达到 95% 以上，医院的铺货率目标为 85%~90%。

同时，加大产品价格控制策略和媒体投放策略，持续扩大消渴丸的影响力，零售和医院市场并重。零售药店以促销及管理为主，工作将集中在 A 级、B 级药店，大卖场。医院终端以科研合作为主，强化产品科技含量，增强临床医生对产品临床使用意识。同时围绕消渴丸的中西药物特点和推广诉求，补充和完善相关医学学术资料，为产品医院深度推广提供相关学术支持，继续完成"中一糖尿病专家"数据中心管理。

另一方面，加快开发糖尿病系列产品（包括化学药、中药、保健品、食品、饮料），利用企业品牌优势和专业优势，创造国内最大的糖尿病系列品牌。

2. 消化道疾病系列产品

目前中一药业产品线最深的产品系列当推消化道疾病系列产品，常销的消化道疾病药品包括：胃乃安胶囊、金佛止痛丸、腹可安片、加味藿香正气丸、清泻丸、胃热清胶囊、便秘通、木香顺气丸、调胃消滞丸、保和丸、紫地宁血散等等，基本涵盖消化道各种病证的治疗药物。

这些产品都具有一定的优势和良好的市场前景，产品疗效稳定，质量保证，在华南地区，特别是广东地区具有较高的知名度和美誉。胃热清胶囊、便秘通为发明专利产品，胃乃安胶囊、金佛止痛丸为国家中药保护品种，紫地宁血散、调胃消滞丸为独家生产品种。消化道疾病系列产品绝大部分为OTC产品，销售终端广泛，商业渠道畅通，在销售终端具有较好的铺货率。

消化系统疾病是常见病、多发病，发病率呈逐年递增的趋势。目前，在中国消化系统类疾病用药的销售额位居各类药品的前3位。由于消化系统疾病需要长期服用药物的特点，安全性、无毒副作用是消费决策的重要因素之一。而中成药毒副作用较小，容易为患病人群所接受。根据调查结果显示，在消化系统用药上，病患者抱怨最多的问题就是疾病复发，有超过六成的病患者认为，复发是导致他们的消化系统疾病长期不愈的罪魁祸首。而胃乃安胶囊、胃热清胶囊均有防止复发的优点。

这些产品面临的最主要挑战是消化道类疾病治疗药品竞争者极多，除便秘通外，作用机制多雷同，疗效上缺乏差异化。

为此，中一药业提出的该系列的产品规划是，目标地区以广东市场为主，辐射华南市场。目标终端以零售为主，样板医院市场开发为辅。零售终端将集中在A级、B级药店、大卖场为主。根据市场变化，适时对产品价格进行调整。通过加强与代理渠道的合作、终端管理和促销、产品广告策划、产品招商、大卖场合作等一系列举措拉动患者需求。

3. 外科系列产品

主推产品是乳核散结片。这个产品的特点是以疏肝理气为主，乳房疼痛是其主症，急当治其标——止痛；辅以调理冲任，缓则治其本——防其癌变；疏肝理气，调理冲任，标本兼顾。患者可以接受的乳腺增生药品的日服用金额在2~6元，乳核散结片的日服用金额为2.6元，价格上具竞争优势。产品又是国家中药保护品种，独家生产，组方合理，疗效确切，经权威医疗机构临床验证在软化肿块和止痛方面明显优于同类产品；进入国家医保目录乙类，适合医院推广。

乳腺增生发病率逐年上升，发病人群增多，乳腺增生中成药市场前景可观。专家认为，适龄女性（25~50岁）80%以上都有乳腺增生症状，乳腺增生病的发病趋势将会逐渐年轻化，逐渐普通化，变成一个常见病；女性对自身健康的关注度较以前明显提高，出现症状会及时进行治疗。目前市场中尚无绝对的领导品牌，为乳核散结片的抢占市场提供了契机；中成药在治疗乳腺增生方面有着西药不可比拟的优势。

为此，中一药业制定的乳核散结片市场营销策略是，销售辐射全国，以大城市为主要目标地区。零售终端将集中在A级、B级药店，大卖场为主，以专业广告宣传和产品促销拉动市场需求。医院终端以各地重点医院为目标。该产品主要市场缺口在医院，而中一药业目前最为缺乏的是医院终端的市场开发力量，拟考虑通过与专业服务公司的合作，加强重点目标医院开拓，并加强学术性推介，提高产品临床知名度。

4. 五官科系列产品

主推产品是障眼明片。障眼明片是市场上较早销售的口服治疗老年性白内障的产品，有较高的知名度；具有综合调理、标本兼顾的特点，配合滴眼液使用，可提高治疗效果和改善身体症状；纯中药制剂，具有预防眼部疾病的保健功效。产品的优势是属于国家中药保护品种，独家生产；既属于OTC产品，又属于国家医保基本用药乙类品种，销售终端广泛；口服药中价格相对较低；商业渠道畅通，在销售终端具有较好的铺货率。

老年疾病用药市场潜力巨大，白内障成为老年人常见病、多发病，治疗白内障中成药的市场前景广阔。市场上白内障药以滴眼液为主，口服药较少，口服药物缺乏主导品牌，给产品提供一个重要突破的机会。由于白内障患者存在手术指征和经济等方面的原因，能够进行手术治疗的患者为数不多。OTC 市场方兴未艾，零售药品市场在竞争中继续快速发展。农村市场潜力巨大，有待开发，而障眼明片在口服药中价格相对较低，有利于向农村市场推广。

目前，中一药业制定的障眼明片市场营销策略是，销售辐射全国，以大城市为主要目标地区。终端工作以医院和零售终端并重，在医院终端以各地重点医院为目标，强调联合用药，以扩大用药范围，在零售突出中药调理。零售终端将集中在 A 级、B 级药店，大卖场为主，通过加强终端管理和产品广告策划拉动患者需求，主要拓展方式为广告＋终端促销＋其他销售支持。

另一方面，随着产品由糖衣片改为薄膜包衣片后，该产品在临床使用上得到进一步扩大。中一药业计划对该产品加大基础研究力度，进一步认证其白内障手术恢复期的保健新作用及对糖尿病视网膜病变的辅助治疗效果，以扩大适用范围。

三、营销渠道建设

中一药业提出调整渠道网络，加强渠道控制，建立二级分销体系，巩固维持渠道与企业的深度合作关系。更重要的是要实现商业渠道的延伸，从一级经销、二级分销延伸到终端助销，从省级、地级延伸到县市级，加强一级管理、二级分流、三级销售的完整营销网络建设。

在工作目标上，提出要对原有的经销商进行清理并进行分类管理，一方面选择能与中一药业及终端工作落实（如医院供货、零售铺补货）相匹配的经销商进行重点合作，另一方面选择有潜在地区代理且有较强分销能力的经销商进行合作。在一、二级经销商及终端零售商的网络上要加大布点，认真整理、合理布局分销体系，逐步理顺一级经销商、二级分销商、终端零售商的关系，使到企业掌握、调控整个产品流通渠道，合理平衡各级利益分配。

在终端市场（医院、零售、社区发展的市场）拓展规划上，中一药业提出了"四项工程"的规划，即开拓百家核心医院、建立千家零售终端、维系万名糖尿病医生、跟进百万名糖尿病患者。

在市场营销业务队伍建设规划上，建立与市场竞争相匹配的营销架构和营销队伍：根据市场实际，将营销部整合为商务 OTC 部、医学部、市场部及事业支持部，通过把商务工作与 OTC 工作整合为商务 OTC 部一个部门，建立起专业化的销售管理模式，提高资源共享及快速反应能力。

随着中一药业的销售模式逐步由单纯的商业销售模式向商业、OTC、医院三位一体的销售模式转变，必须建立相适应的专业化的管理部门，通过有效的分工协作，完成销售目标。

第一是建立以联络处为主体的区域销售队伍。联络处作为区域销售的主体，将建立与总部销售管理部门相适应的架构，联络处主任是区域销售目标的总负责人，下设商务主管、医院主管、OTC 主管。

根据中一药业目前市场策划、品牌策划、学术推广、市场信息研究等专业人员不足或缺乏，要加快引进高素质和经验丰富的市场策划、品牌策划、学术推广、市场信息研究的专业人才。

第二是打造高素质的医药营销队伍。高素质、有战斗力的营销队伍是完成销售目标的根本保障，必须通过严格的管理、系统的培训、实战的检验来不断提高营销队伍的能力，建立末位淘汰制度，淘汰不符合要求的营销人员。同时也不断地吸纳高素质的医药营销人员，提高营销队伍的整体素质。建立营销人才储备机制，与全国各大重点医药类院校建立合作，不断吸纳有潜质的大学生进入营销队伍，完善营销人才的储备机制。

第三是建立以目标管理为核心的绩效考核制度，完善市场营销部门及主要营销业务人员业绩考核计划。在年度总销售目标基础上建立各级目标体系。

在销售年度总目标的指导下，商务 OTC 部、医学部各自形成部门目标，联络处以商务 OTC 部的分解目标作为联络处的总目标，并将目标分解到各个相关的主管以及每个代表。在各个层次的年度目标指导下再形成各自的月度目标。

建立能够实现远程监控、月度即时考核的目标管理绩效考核系统。有了明确的目标还必须建立一套能够有效即时监控目标进度的考核系统，实现远程监控、考核数据即时准确，从而保障各项考核指标的监控到位。

四、提升基础管理能力

为了适应企业快速健康的发展规划，中一药业的基础管理工作也将进一步根据战略目标进行提升，首先是财务及资金管理方面。随着销售业务的扩展，资金支付压力增大；随着医药市场的激烈竞争，企业所赚取利润的空间也越来越小。"十一五"期间要加强资金使用计划，按照节约、轻重缓急安排资金的原则，合理调动资金；建立适应市场竞争的目标成本管理，控制成本的主要途径有降低采购成本、改良生产技术、提高工作效率，这有赖于采购人员、技术人员、各级管理人员的努力，以及更新生产设备，改善工作方法和开发新的技术；实施有效的管理技术，使企业所有的职能与资源获得合理的调配与运用。

（一）加强应收账款的管理

完善客户资信管理，加强开户审核，降低日益激烈的市场竞争所带来的经营风险。延续历年的信用原则，采用较为严格的信用政策。加强应收账款的追收管理，及时对债权、债务进行确认，加强应收账款追收结果及过程的考核。

（二）加强存货管理

存货包括库存材料、在制品、产成品。存货管理直接影响到公司的资金周转情况、贮存质量、供应和销售，因而存货资金和数量需要根据公司当年的销售计划、生产计划、原料采购计划、公司资金情况等进行合理安排，并控制在一定的范围内。

（三）企业信息化系统工作

将以流程工业 ERP、MES、PCS 的 3 层信息化建设结构为依托，完善并提升公司内部网络、生产过程数据采集和管理层的数据、信息应用平台和接口；结合公司生产经营管理的需要，围绕生产成本控制和核算，开发相应的信息管理软件，实现各类信息集成，逐步达到数字化、现代化管理模式。目标是集成、统一公司内部信息资源和应用平台，强化信息化基础建设，提高管理水平。其中的重点任务有：1 个平台、2 个体系、2 个基础、3 个优化、5 个系统、1 个中心。具体为：

1 个平台——以公司信息门户系统为基础，整合适应公司信息管理的信息化应用平台，满足信息系统集成、信息应用统一的要求；

2 个体系——建立公司知识管理体系和信息化统一编码体系；

2 个基础——完善适合公司今后信息化发展的信息管理基础和业务基础；

3 个优化——结合公司业务流程重组、发展需要，优化设计现有物资系统、统计核算系统、实时生产管理系统；

5 个系统——开发建设公司计量管理、设备管理、物料平衡、实验室信息管理、决策分析系统；

1 个中心——建立公司专家数据库中心。

实施策略是关注广药集团信息应用推广项目，上下结合，统筹规划，注重效益，分步实施，重点突破。

（四）人力资源方面

中一药业将加快人才的引进和加强对现有人才的培训。高层次、高水平的人才是科技创新的保证，也是提高企业竞争力的核心因素。人才的引进、开发、培养是公司长期的战略任务。中一药业将有计划引进高水平、高层次人才，同时还将以建立学习型企业为目标，建立人才培训体系，系统地对现有科技人员进行各项技能及综合素质的培养。建立技术创新项目奖励管理标准及产品开发部年度经济责任制考核方案，加大新产品开发的奖励，加强新产品开发的进度考核工作。通过精神、物质奖励方式，调动科技人员参与技术创新工作的积极性，促进公司科技创新工作的进步。

五、推进生产和质量管理

在中一药业的生产发展规划方面，要继续加强 ERP 对生产的实时监控，及时分析数据，指导日常工作，使中药生产向现代化迈进。加强 ERP 操作人员能力培训及测试，提高操作人员素质以适应现代化生产需要。制定各车间中间产品库存计划，优化生产计划和检验流程，减少资金占用。提高工时效益，降低能源消耗，降低生产成本，提高产品竞争力。进一步合理安排车间生产计划和调整劳动定额；在保证疗效及市场的前提下，适度加大包装规格；对工时消耗大、售价偏低的产品原则上进行委外加工。定期做好生产能力分析，为公司进行生产经营决策、技改、技术创新决策提供依据。根据公司打造"两个基地"规划中新产品开发计划，及时做好新产品的转产和投产的计划安排及生产前的准备工作。

生产技术应用方面，将采用既节能又提高产品质量的新设备、新工艺代替目前的提取、干燥设备，提高中药前处理生产的可控性及稳定性，从而提高中药生产的现代化。如用节能高效的微波真空干燥、微波提取设备代替现有的热风循环烘箱、多功能提取罐等。在未来几年里，逐步用机械制丸、真空负压输送装置连线生产代替所有的手工制丸。打破传统工序的细分，省去大量中间过渡环节，使生产连贯，衔接顺畅，同时减少物料贮存和容器贮存的空间，降低劳动强度，提高生产效率，从而降低生产成本，使中药生产向现代化生产迈进，提高产品竞争力。2009～2010 年对其他丸剂进行机制丸试制攻关，逐步完成手工泛丸向机械制丸的转变。同时，逐步用薄膜包衣片取代糖衣片，完成旧产品的升级改进；对

中一之路

片剂生产关键工序制粒的工艺进行改进，提高生产能力，保证产量需求。

根据公司打造"两个基地"规划中新产品开发计划，未来几年在研的全新纯中药新产品养心康片、木香胃泰滴丸争取取得生产批文，另外两个治疗糖尿病的化学药品也将陆续取得批文，同时完成部分老产品的二次开发。在取得批文后，及时将新产品、新工艺投入产业化生产，跟踪工艺质量情况，使工艺适合于大生产，从而配合做好新产品的市场开发。开展养心康片、木香胃泰滴丸、米格列奈片、金佛止痛颗粒、鼻咽灵颗粒等产品的产业化生产。

质量管理工作方面，将从以下5个方面进行提高：

1. 不断完善企业质量保证体系。加强质量管理人员队伍建设，围绕公司发展需要及不断完善企业质量保证体系的工作目标，采取切实可行的措施，有效提升质量管理人员整体素质，促进业务水平和工作质量的提高。进一步充实公司质量管理人员，充实专业技术人员到生产一线担任质检工作，使生产一线的质检队伍素质得到显著提升，全面实现并完善质量监督管理员轮换机制。

2. 利用现代科技设备，增加可视监控手段，多方面保障并促进生产规范操作。到2010年，全面完成云埔厂区所有车间前后工序的相互监控及关键工序的可视监控。

3. 产品标准提高工作。按国家药品标准提高计划执行，积极开展相关工作，保证产品符合国家标准和国际规范。继续开展药材黄芪、天花粉、地黄的指纹图谱研究工作，并开展重点产品指纹图谱质控技术研究，使该技术成为重点产品生产过程的质量控制手段，以保证产品质量的稳定性。

4. GAP基地建设计划。原药材质量的优劣是影响产品质量的重要因素之一，为保证原药材质量的稳定可靠，建立大宗药材 GAP 种植基地十分必要。目前已初步建立黄芪（内蒙古）GAP 基地，计划继续开展其他品种 GAP 规范化种植工作。

5. GMP 计划。2009 年完成厂房整体搬迁和云埔厂区（一期、二期工程）GMP 再认证工作。

六、企业文化建设规划

（一）企业经营理念和文化体系规划

企业文化的核心是企业精神，企业精神是企业的灵魂。中一药业在"十一五"期间要体现新技术、新产品、新成果和新市场的发展，达到做大、做强、做优，拟从以下 3 个方面抓好经营理念和企业文化建设。

1. 弘扬企业精神，忠于中一事业

"同心、开拓、求实、高效"是中一药业的企业精神，是中一人多年来奋斗的集体智慧和力量的结晶，也将是中一人打造"两个基地"的精神支柱。要通过制定《企业文化理念手册》、《员工手册》和各种方式、途径向全体员工进一步强化企业精神和管理文化，使企业精神真正成为员工努力拼搏、克服困难的源泉和动力。

2. 倡导终生学习，打造学习型企业

要以求真务实、真抓实干的精神实施《创建学习型企业》的计划，建立一支终生学习、努力向上、勇于竞争、具有团队精神的知识型员工队伍。

3. 加强科学管理，提高企业效益

在科学管理上，首先要树立艰苦奋斗的精神，虽然中一药业已有一定的规模，但在企业发展中，要牢记艰苦奋斗的精神，要有效地利用资源、节约资源。其次，要有科学的管理意识，决策要科学、措施要果断，强化执行力和问责制等，实现中一药业的管理纵向到底，横向到位，人人敬业爱岗，做好每一件工作。

（二）企业品牌及标志体系推广实施计划

为实现"品牌工程"建设目标，按照"品牌工程"推进思路，重点抓好以下几个方面的工作：

1. 开展中一药业品牌建设的研究与开发课题研究

围绕构建具有国际竞争力企业集团这个中心，从加强内部管理和提升外部形象两个方面入手，融合企业内外资源，立足当前，着眼未来，站在战略的高度，采取以我为主、专家协作、部门分工、集中研究的方式，开展战略、文化、品牌三位一体的品牌研究工作，为"品牌工程"提供理论支持和系统保障。

2. 导入 CI 系统

CI 系统是企业形象战略的简称，由 MI、BI、VI 3 部分组成，MI 是理念识别，BI 是行为识别，VI 是外表形象。CI 是以企业发展战略为基础、继全面质量管理之后形成的更高层次的战略管理。通过导入 CI 系统，对企业的经营理念和经营方针、企业精神和行为准则等内容进行系统整理和升华，设计以广州医药集团有限公司的标志为核心结合中一徽标的整体形象识别系统，并通过日常的经营管理行为和社会公益行为进行推广传播，为企业生存和发展创造更加有利的内外部环境。

3. 加强企业内部经营管理

树立名牌意识、市场意识和服务意识，以用户满意为标准，深化全面质量管理工作，不断提高产品美誉度；完善质量保证体系和环境管理体系，实现一体化管理目标，逐步与国际接轨；以管理创新和技术创新推动产品创新，满足用户不断提高和变化的消费需求，增强产品竞争力。

通过以上一系列的发展规划，中一药业立志于成为一家不仅仅是代表"南药"的中成药企业，而是充分地结合国内外的产业发展环境和机遇，承担起中药产业化发展的重任，立足于世界医药之林。

第四章

企 业 管 理

本章看点：

●参天大树常常以枝繁叶茂示人，但其深深的根系往往更叫人惊叹。中一药业在营销、品牌和科技上的高歌猛进，其超强后台正是如影随形的企业管理。从某种角度上看，没有这些后台的改革，中一药业的经营和科技就不可能突围。可以说，几乎从改革开放后中一药业产品群崛起第一天起，中一药业的管理和体制变革已经同时展开。改革劳动制度，建立多种形式的用工制度；改革薪酬制度，建立以业绩为导向的激励机制……这些在今天看来再平常不过的事，在当时都需要勇气和智慧。闯过来了，就奠定了中一药业成功的基础。

●近年来我国药品质量事件频频发生，但中一药业一直恪守中成药企业造好药、救死扶伤的信念，不断完善质量管理体系，通过提高质量控制来规范管理企业，提升企业的经营水平，将药品质量作为立业之本的基础。中一药业的药品质量得到了各方的认可与好评，成为广东省首家获得药品质量诚信建设示范企业称号的药品生产企业。

一家优秀的企业，总是时刻关注市场的微小变化气息，尽可能紧紧抓住任何微小的机会。

中一牌消渴丸伴随着改革开放的步伐畅销 29 年，中药一厂在改革开放思想的引导下成长壮大 29 年，提到中一药业，你不能不提"消渴丸"，说到"消渴丸"，你一定会想到"中一药业"。有人说：消渴丸畅销 29 年，中一药业成就了消渴丸，消渴丸成就了中一药业。

厚积薄发，消渴丸使得百年老字号——中一药业能再续辉煌，这同企业一直以来良好的企业管理基础有着密不可分的关系。几百年来，中一药业能逾越险阻，生存发展到现在的规模，其合并、整合最关键的是管理的整合，是涉及人员、文化、技术、思想的整合，这其中有企业系统和内在的独特管理思路——这一切代代传承，是中一药业长久以来积累的核心能力，是不能被轻易模仿的。

同时，中一药业在中药行业基础管理方面所作出的种种尝试、努力和取得的成功，远远超出了直接创造的财富本身，随着时间的推移和社会的进步，人们将会越来越深切地感受到这种持之以恒的探索精神，这种行业先锋的示范效应，这种贡献的深远意义。

第一节　体制改革与发展壮大

20 世纪 70 年代之前，广州中药企业基本保留着前店后作坊的经营模式。在国家鼓励公私合营的政策下，广大私营药店业主都积极响应党和国家的号召，以自己的店面、技术、产品为主体，进行联合经营，这在一定程度上，增强了共同发展的延续力。但事实上这些多为名义上的合并，且规模普遍较小，不仅生产中药，还兼顾给百姓问诊看病，承担了药材炮制加工、制药生产、医疗保健等众多功能。

一、春天来临时的破冰之旅

中药一厂真正从企业模式开始经营，开始企业化经营发展，得从中国改革开放算起。1978 年，党的十一届三中全会胜利召开，这一年对于中国而言，是一个极其重要的年份，是中国在经历新中国成立以来一系列的政治运动之后，摆脱了阶级斗争为纲的思想，正式进入经济建设为中心的新时期。中一人凭借敏锐的洞察力，预见到了春天的气息和机遇的来临，中一人开始甩开胳膊，大胆地干起来。

回顾历史，不可否认，经济体制的改革，给后来 30 年中国经济发展带来了无与伦比的生产力大解放。

打破"大锅饭"，抛弃干好干坏一个样，采取技术引进、资金引进，提高企业经营者的待遇，推行承包制、经济责任问责制，能者上，不能者下。这些都是整个 20 世纪 80 年代推进国企改革过程的一系列措施，也是一系列具有历史意义的破冰之举。

中国改革开放 30 年，中一药业与其他国企一样，得益于大时代，跟随着大时代的步伐，同时又从企业的实际出发，进行了一系列的组织变革、管理变革和机制改革。这一系列的变革，是再造一个新的中一药业的过程。

从公私合营到后来的全部收归国营，中一药业从20世纪50年代到70年代末，过渡为一个100%国有企业。其中经历了四清时期和文化大革命。1979年之后实行党委领导下的厂长分工负责制，党政工作仍然放在企业的头等位置，重大经营决策以党委为中心，缺乏竞争意识，也缺乏市场概念。

企业的决策与管理多头分政，互相掣肘，严重的政企不分：企业的经营权和决策权由党委掌控，厂长则负责具体的生产和管理。

在这样的管理体制和计划经济调配之下，企业属于"以产定销"，市场竞争没有价格传递的信号，没有提高经营效率的动力，没有提高经营能力和生产能力的竞争意识，仅仅是工业化流程中的一个固定生产环节而已。

1980年，中药一厂的企业自主权得到进一步释放，企业活力和职工的干劲得到激发。在厂党委的领导下，中药一厂适时调整了领导班子，精简了管理人员，建立了各项厂规制度，加强了企业的基础管理工作，开始从领导到工人，从上而下建立岗位责任制，向实行平均主义的"大锅饭"砸去，很大程度上调动了工人们的积极性。

二、火车跑得快，全靠车头带

从1985年开始，为了适应经济形势的变化，提高企业的经营意识，随着中央经济体制的改革，国有企业的管理体制由党委集体领导下的厂长分工负责制，转换成厂长负责制，突出厂长在企业中的中心地位，对两个文明（精神文明和物质文明）负责；党委则在企业中发挥政治核心作用，搞好党的建设和企业职工思想政治工作，并对生产、经营和行政管理实行监督和保证。

中药一厂实行厂长负责制之后，领导班子结构再一次进行了精简，除了党委书记一职之外，只设 2 个副厂长，主抓经营、技术和生产。厂长负责制给了企业领导者放权的空间，便于厂长统筹全厂的经营情况，提高企业的经营效率。同时，也改变了过去副厂长众多，结果是互相推诿，沟通成本大，谁都有责任谁都可以不负责任的局面。对经营者而言，在提高激励的同时也提高了约束，发挥了厂长的主动积极性，这在中一药业的体制改革历程中，是第一个突破。

自从我国承认商品经济存在之后，一个工厂厂长不但要组织好生产，还要千方百计使产品销得出去，而且要使产品能在市场竞争中立于不败之地，使企业从封闭型向开放型转化，他不但要全面完成国家有关部门下达的各项经济指标和财税承包指标，而且要使产品销售越多越好。在我国实行厂长负责制这 10 年来，厂长的职能作用已慢慢地从生产组织者转化为一个产品经营者。而随着市场竞争的加剧，厂长也不再是一个单纯出色的产品经营者，而是担负着国有资产保值、增值和建立现代企业制度的重任。

1985 年是中药一厂生产出现波动的一年。由于受市场上伪劣药品的冲击，包装材料价格提高，成本增加，因而使中药一厂的利润一度下降，出现增产减收的被动局面。实行厂长负责制后，精简上层领导班子结构，实行以法治厂，使生产经营管理逐步走上正轨。

为了贯彻落实中共中央（1986）21 号文件《关于国营工业企业三个条例》的精神，进一步理顺企业内部关系，使厂长的责权相结合，增强企业活力，提高经济效益，完善和发展厂长负责制。1987年中药一厂又实行了厂长任期目标责任制，制订了企业厂长任期目标责任体系10大目标36项。

对厂长设定了任期目标责任制之后，厂长便会千方百计地为企业的经营业绩着想，考核目标的细化，也促使企业进行全面的经营管理变革。而由于扩大了厂长的任人机制，许多年轻的中层管理干部开始发挥作用，企业的干部人事任用不再只是靠资格，讲履历。事实证明，后来中药一厂能在科研、营销上取得突破性进展，与年轻中层管理干部的任用有很大的关系。

三、经济责任承包制，快马加鞭再提速

在实行厂长负责制的基础上，中药一厂根据"精简、效能"的原则，对企业各职能部门进行了调整。厂研究要走技术协作的路子，同广东省中医院、广州中医药大学等单位的老中医、老教授联合搞验方、名方的工业化生产，先后完成了胃乃安胶囊、镇痛丸、固肾生发丸、银翘解毒伤风胶囊、益脑胶囊等5个新产品开发，成为中药一厂历史上新产品开发最多的时期。中药一厂也由此成为广州地区拥有中药新产品最多的企业之一。

1985年之后，为发挥职工的积极性，国有企业实行经济责任承包制。中药一厂向上级主管承包后，在厂内各部门也实行承包，首先打破"大锅饭"，实行奖罚分明。1985年实行了供销科承包销售指标，计划科承包产值指标，财务科承包利润指标。到1986年，全面实施经济责任承包制，承包的项目从原有的销售、产值、利润指标扩大到资金定额、费用定额、原材料节约、经济技术信息等。同时制定了相应的协

调、保证、联动等细则。

由于全面实行承包，做到责、权、利结合，经济责任制逐步完善。在销售工作方面实行倾斜政策，供销科向厂部承包后，按个人的推销总额算奖励，彻底改变了过去科长拿一等，老供销员拿二等，新供销员拿三等的不合理分配制度，有效激发了销售人员的积极性，从而使1987年销售总额突破3 000万元大关，完成3 937万元。

1987年是中药一厂第一轮承包的头一年，企业的八字精神"同心、开拓、求实、高效"也于这一年诞生，是中药一厂在经历了第一次的体制变革之后总结出来的精髓。领导班子要形成合力，要具备改革精神，不满足于过去，同时又要脚踏实地，不浮躁、不冒进，通过体制变革提高经营效率。

1988年，中药一厂晋升为国家二级企业，在晋升的过程中，充分体现出企业精神，充分发挥干部和技术人员易于接受新鲜事物、办事干劲足、创造力强的特点。中药一厂提前两年晋升为中南六省医药行业中第一家国家二级企业，提前两年完成厂长任期目标责任制，并获全国医药优秀管理奖。由于企业在决策过程中，党委善"放弃"，并配合厂长做好企业的其他工作，厂长和党委形成了合力，1989年中药一厂党委荣获广州第一家全国基层先进党组织荣誉称号。

四、实行民主管理，职工干劲十足

中药一厂在企业经营中实行民主管理，引导职工对企业的参与意识，促进企业管理体系的完善。在国企股份制改造之前，实行民主管理，是增强员工对企业归属感，发挥职工能动性的一种方式。

1987年，中药一厂成立了企业管理委员会，有1/3企业员工参与健全厂级、车间级的行政领导与职工代表定期直接对话的民主工作制度，健全了厂级和车间级党、政、工、团联席会议制度，实行干、群互相监督的民主管理。厂团委还提出"参与共建企业"的倡议，以此作为对全厂共青团员的基本要求。厂工会定期召开同心茶话会，为职工提供对企业管理发表意见的机会。厂内党、政、工、团设专人负责宣传工作，建立厂报、墙报等宣传网络，通过各种宣传，使职工及时了解企业生产的经营情况，增加职工了解企业情况的透明度。

民主管理在企业的经营决策机制上发挥了良好的作用，确保了企业在决策上的透明度。这在一定程度上也避免了企业领导层的决策风险，起到了保持稳定的作用。

企业开始重视发挥职工代表大会的作用。凡是企业发展的重大问题，有关职工生活、福利问题，工资调整、分配改革、全员劳动合同制等方案，必经职代会审议通过，再经党委审定。

继厂长任期目标责任制和经济责任承包制之后，中药一厂又将改革进行深化和细化，推进实行以目标管理为主体的经济负责承包制，以保证各项技术经济指标的完成。

目标承包责任是经济责任和实施目标管理相结合的一种管理形式。目的是围绕厂长任期目标的实现而进行有效的管理，同时用责、权、利相结合的责任形式固定下来。

在此之前，企业虽然实行经济责任承包制，一定程度上调动了各个职能部门完成任务的积极性，但是由于在工资总额、奖金的分配上以集体平均分配的形式，所以个人干了多少，没有细化，有人多干，有人少干，没有体现出个人竞争意识。同时，由于承包任务比较笼统，能不能完成任务存在诸多的不确定性和风险,不利于企业的整体发展目标的实现。而目标未完成,又难以追溯过程,哪些环节出了问题,不了了之,对流程不能形成有效的控制。

为此,中药一厂采取了"两上两下"的程序,制定了应对方案。先由车间、科室根据厂里的生产经营总目标,再经过目标分解,自行拟订承包方案,确定承包项目的内容、完成时间、奖罚措施等。由于各科室、车间落实目标责任制与经济效益挂钩,并对 3 个车间采取工资总额与实物工时挂钩的月度承包,实行增人不增资,减人不减资,增产必增资,减产必减资的做法,因而克服了干与不干、干多干少、干好干坏一个样的不足,充分调动了职工的积极性,增强了职工参与竞争的紧迫感,从而使企业的各项技术经济指标逐年上升。1987 年工业总产值比 1986 年增长 30.12%,销售总额增长 38.77%,利润总额增长 26.9%。

厂长负责制、经济责任承包制、目标责任制、民主管理制度,是 20 世纪 80 年代中药一厂在体制范围内所进行的 4 大改革。事实证明,这 4 大改革很有成效。

五、摸着石头过河,探索现代企业制度

在外部市场环境不断变化,各企业间竞争日趋激烈,企业自身应对市场挑战的压力越来越大的情况下,中药一厂的一些缺点就暴露出来。如果不能应变进行改革,或者当改革进入深水区,却因为内部和外部的制约因素得不到突破,企业的活力就会失去,最终被市场淘汰。体制变革的重要性,对一些具有发展历史的企业,其重要性表现得尤其明显。

经过 20 世纪 80 年代的一系列体制变革和人事变革之后,中药一厂取得了快速的发展,但到了 90 年代,一些过往的改

革措施又开始变得不顺畅起来。随着民营经济的兴起,医药市场开始转型,作为一个药业老国企,如何在体制上作出应有的改变,是一个发展的大问题。

这些问题正是国企改革到了新时期后所面临的如何进一步进行体制松绑、思想解放的问题。1991年之后,这些问题逐渐地得到解决。1992年邓小平发表的"南巡"讲话和同年10月召开党的第十四次全国人民代表大会精神,再次说明党中央坚持深化改革的决心,对于在先期的改革开放中走得比较早的广东地区来说,又掀起了改革开放的第二轮新浪潮。

根据党的十四大精神和邓小平"南巡"讲话精神,身处广东的中药一厂进入了快速发展阶段。深化企业内部改革,转换经营机制,努力推进两个根本性转变,这些工作都开始走上轨道,企业的生产经营和各项事业取得了前所未有的发展。

1991年,在中国企业评价中心及国家统计局工业交通统计司进行的中国500家最大工业企业及行业50家评价中,中药一厂成为中国500家最佳经济效益工业企业医药工业之一,在医药工业50家最佳经济效益工业企业中排名第22位,在广东50家最佳经济效益工业企业中排名第47位。

1992年,中药一厂被列为广州市医药系统第二批综合改革经营单位。时任厂长郑尧新亲自制定了《贯彻市政府放开经营综合改革试点的若干规定的实施》,根据《企业法》的精神,制订了深化企业改革的5项方案:以转换企业的经营机制为主体,对组织机构机制、劳动人事用工管理体制、企业内部分配体制、生产经营管理体制进行全面改革,形成干部能上能下、职工能进能出、收入能高能低的劳动人事用工及内部分配新体制,把厂建成自主经营、自负盈亏、自我约

中一之路

束的新型医药企业。

（一）转换企业经营机制方面

中药一厂实施的主要措施：一是按照"精简、高效、满负荷、多功能"的原则，进行科学的定员定岗；二是实行岗位技能工资制；三是改革劳动用工制度，推行全员劳动合同制用工制度。机制的改革使企业得到了发展，职工收入得到了提高。

供销体制的改革，促进了企业向社会主义市场经济的过渡，企业也由生产型转变为生产经营型。中国的医药购销体制也在20世纪90年代中期发生了根本性改变。在此之前，医药购销主要采取"统购统销"的模式，药品从省级医药公司到市、县级医药公司层层批发，定额生产，定额采购。打破层级批发之后，医药公司可以直接向医院供货，竞争开始激烈，医药市场开始迎来了高速发展期。而原先企业营销部的"坐销"方式已经不再适应市场要求了。

1997年9月，在广州医药集团有限公司的领导下，中药一厂与广药集团属下经营业绩在全国同行业中处于领先地位，具有较强市场竞争力的11家企业进行资产重组，建立了以中成药制造为主，集医药生产、销售进出口业务一体化的大型股份制医药企业——广州药业股份有限公司，并于同年10月30日在香港联合交易所挂牌上市，广州药业股份有限公司是全国第一家在香港上市的中药企业。这也促进了中药一厂现代企业制度的建立及完善，同国际金融体制接轨，使企业内部机制改革取得重大突破，从工厂制向公司制过渡。

2000年，中药一厂再次落实企业机构调整和工资调整，明确定员定岗制。为更好地适应企业的发展和提高企业管理水平，中药一厂于2000年上半年完成了企业机构改革，厂机构由原来的 24 个部门调整为 3 个办公室、3 个车间和 11 个部门。新提拔中层管理人员 11 人，制定和完善了中层管理人员退位制度以及补充通知，肯定了中层管理人员对企业的贡献。新机构确定后，实行管理人员定员定岗。

2001 年 4 月，中药一厂为了调整产品结构，打破单一丸剂生产规模，在广州医药集团有限公司主持下，吸收合并了原广州众胜药厂（同为老字号企业，主要产品为中药片剂），企业产品资源和市场规模得到进一步的整合优化，当年销售规模突破 4.5 亿元，企业综合实力跃升为广药集团第 1 位。

2002 年 1 月，经过精心规划，中药一厂进行了管理层持股计划，企业成功转制为中一药业，实现公司制的现代企业管理方式，引入激励机制和约束机制，基本形成了产权明晰、责权明确、自主经营、自负盈亏的现代企业管理模式。

（二）人力资源管理工作方面

中一药业突出人是企业发展的核心要素，突出人才是企业最大的财富和资源。在发展的每一个时期，都非常重视人才、爱护人才，通过薪酬改革、绩效考核来合理开发人才、使用人才，通过增进企业感情、内培外训等留住人才、提升人才，使得每一个时期企业的发展都同人才的发展密切联系。中一药业能真正着眼于员工和组织可持续发展角度实施的全方位开发与管理，侧重于对人才的培养、开发和提升，充分发挥企业职工的积极性，使得人尽其才，事得其人，人事相宜。真正认识到：人才才是企业最大的宝贵财富，只有选好人、用好人，发挥了人才的效率，企业的工作效率才能得到极致的发挥。中一药业将人力资源管理提升到促进企业经营和发展的思路上来，将合适的人放在合适的位置上，从而发挥人才最大的效应。人力资源工作也开始从企业发展战略的高度去考虑，从长远发展去全盘统筹，对企业人力资源进行开发，提高职工队伍的整体素质，从中发现和培养出一大批优秀人才。

2000年，随着市场经济体系的建立和完善，原有的结构工资已不适应公司发展的需要，因此，在原岗位技能结构工资的基础上进行调整，并实施调整岗位技能结构工资标准工作方案，按照"绩效优先、兼顾公平"的分配原则，深化劳动用工制度，人员实行择优录用、竞争上岗，一方面，将企业现行管理人员岗位工资分为16级；另一方面，重视科技人才，培养知识分子，实行技术职务津贴，实现了向管理人员、科技人员、销售人员、一线生产技术人员的倾斜。

2006年3月，中一药业制定了中层管理人员绩效考核及末位淘汰方案，各部门月度考核在原有的基础上进行了调整和完善，明确了工作重点，及时跟踪各项工作进展情况，对工作开展的计划性和有序性起到了促进作用。各部门通过层层分解把任务落实到个人，加强了部门的日常管理，完善了绩效考核体系，提高了工作效率，激励了广大员工的工作热情。

2006年10月开始，公司试行部门月度考核，从每个月工作的完成情况等方面对中层管理人员进行考核，有效地激励中层管理人员不断改善工作方法和提高工作效率，及时查找工作中的不足并加以调整改善，强化了中层管理队伍的作用，提高了工作效率，推动了企业的发展。此项工作取得一定成效，也从中得到一定的经验积累。

2007年4月，配合新的薪酬方案的实施，将绩效考核的对象扩大至各部门的员工，公司制定了管理岗和业务（专业）岗的绩效考核试行办法。自当年5月起，对所有部

（室）、车间的管理岗和业务（专业）岗员工实施月度和年度绩效考核，由各部门根据其工作特点制定具体的考核方案，并将考核结果与薪酬挂钩。

2007年，中一药业根据发展要求，实施新的工资方案。新工资方案强调分配结构和概念上的根本性调整，按照"绩效优先、兼顾公平"的原则，将员工的收入与企业的经营效益和日常工作业绩挂钩，以岗定资，体现岗位与薪酬结合。新方案强调员工工资收入必须同公司的生产发展水平和经济效益增长相适应，同时合理拉开分配档次，使收入分配向责任重、贡献大、技术要求高、劳动强度高的关键岗位尤其是一线岗位倾斜，形成除行政职务之外以岗位为重心的职业发展通道。新方案实施后，所有生产员工固定部分收入增长幅度达到12%~20%。新工资方案引入了薪酬管理的概念，新方案的实施更有利于公司发展，更有利于为职工利益提供切实保障。

（三）生产管理方面

公司每前进一步，营销业绩的每一次飞跃，都离不开生产的支持。在公司不断发展壮大的同时，整个生产管理模式也随着公司的发展经历了多次变革。2000年前，生产管理模式为计划科管生产计划，技术科管产品的工艺技术。随着公司对自身竞争能力的要求不断提高，对生产管理方面的要求也发生了变化，一方面要优化工艺提高产品质量，另一方面要提高劳动效率，降低生产成本。为同时实现这两个目标，2000年6月，将原来的计划科与技术科合并为生产技术部。新组成的生产技术部，一方面按国家对药品生产企业的要求狠抓生产过程的管理，一方面组织各车间在提质降耗上进行QC活动，对生产中存在的问题进行工艺攻关，解决了大量工艺质量问题。同时在各个岗位制定了岗位标准操作规程，做到所有生产操作均有操作依据，所有生产操作均有生产记录，使得公司的整个生产操作过程逐渐规范。

为更好统筹公司产品工艺管理工作，2007年将原属车间的工艺员调整为全部归属生产技术部。至此，全公司的工艺管理工作均由生产技术部统一管理。

随着公司总体管理水平的提高，生产管理工作也由原来的粗放型逐渐细化。为加强库存管理，减少库存占用资金，生产技术部根据营销计划、产品的生产周期、原辅料的采购周期等特点，制定了原辅料、中间产品、成品的库存指标，每个月对生产物料进行统计，及时调整生产计划。为提高车间生产效率，将车间工时利用率、低值易耗品使用、能源消耗等与车间绩效考核挂钩，使生产管理工作从单纯的产量考核上升到综合管理考核的高度。

（四）设备管理工作方面

中一药业一直都是中药生产设备引进使用的试验田和先行者，如率先使用中药微波干燥技术设备，率先引进全自动入盒包装生产线，着力进行中药丸剂联动生产线等设备应用。这些设备的技术改革和应用，不仅为中一药业本身带来了巨大的经济效益，提高了设备管理水平和能力，同时，在一定意义上也为广州地区中药生产企业的自动化、机械化做出了榜样，提供和积累了宝贵的经验。多年来，广州乃至广东省内的许多中药生产企业都到中一药业来参观学习，了解新式设备的使用情况及适应性。这在一定程度上，也为广州地区中药生产企业的发展少走弯路提供了经验。

在设备管理工作中，中一药业认真抓好设备全过程综合管理，取得了良好的经济效益。中一药业一体化运作后，调整了维修人员的管理模式，改变以往由各车间分散管理的方式，由动力计量中心统一管理各生产车间的设备管理员及维修人员，实现人力资源共享，便于人员调配使用，避免了人员浪费。通过集中管理，充分运用人力资源集中优势，使部分较大的维修整改项目得以自行实施，为公司节约了大量维修费用。公司设备管理工作连续获得第四届、第五届、第六届、第七届全国设备管理优秀单位光荣称号，企业计量管理工作率先在 2001 年通过国家"完善计量检测体系"认证。

在日常设备管理工作中，公司坚持做好三级检查制度，设备检查、评比纳入月度生产经济责任考核。推行维修岗位责任制，将重点关键设备的日常维修工作落实到人，取得了明显的效果。公司组织专门技术力量，认真做好重点设备的选型、安装、调试、前期管理、运行和技术性能验证工作，做到：管理有标准，操作有规程，运行有记录，关键设备有验证，设备档案资料齐全。

正是依靠了科学技术进步，强化企业内部管理，为企业社会效益及经济效益的不断提高发挥了作用，也获得了上级部门的好评，连续几届荣获"全国设备管理优秀单位"的国家级殊荣。

（五）信息化管理工作方面

21 世纪是一个信息化的时代，企业之间的竞争已经不是单纯的产品竞争、市场竞争，信息化竞争已经渗透到了各个领域。信息化建设本身也是一种管理创新，公司内的信息化建设为各部门工作提供了协同运转的平台，全面服务于生产经营的各个环节，保证了人、财、物在信息的渠道中统一、高效的使用与管理。信息化建设的目标也同公司的战略目标进行对接，使信息化建设更好地服务于公司的战略发展，促进了公司生产、经营、管理和决策方式的改进和优化，提高了整体创新能力、经济效益和市场竞争力，成为公司高效管理、科学决策的管理平台，成为公司今后发展必不可少的重要技术支撑和管理支撑。为了能适应瞬息万变的市场竞争，企业将整个生产过程、物料移动、客户服务、办公事务处理等进行数字化，并共享为提供生产经营决策的资源，使得公司资源配置合理优化，各种信息能及时、准确、畅通地传递沟通。在多年良好稳健的管理基础上，中一药业开始有步骤、有计划地实施信息化系统工程建设，先后实施了办公自动化（OA）系统、企业资源规划（ERP）系统、设备管理（EAM）系统、客户关系管理（CRM）系统、人力资源管理（eHR）系统、商业智能（BI）系统、制造执行（MES）系统等。作为一家制造企业，信息化的建设也被引入到生产过程中，实现生产控制的数字化。目前，中一药业拥有7条自动化生产线，整个生产过程自动化控制覆盖率约达53%。自动化控制包括前处理生产的灭菌、干燥、混合，丸剂生产的机械制丸、微波干燥，片剂生产的混合、压片、包衣，胶囊剂生产的充填，胶囊剂、丸剂的内包装和外包装，口服液生产的灌封、灭菌，散剂生产的内包充填等关键工序。其中消渴丸的生产数控化率达到50%，关键工序药粉混合、制丸、干燥、内包装、外包装等都实现数控化生产。信息化建设同企业的技术进步、管理创新、观念更新完美地结合到一起，为中一药业的展翅腾飞插上了翅膀。

（六）财务管理工作方面

在中一药业的发展进入一个崭新时期，发展规模、发展速度同以往有了质的飞跃的同时，相应的财务管理工作也发生了根本的变化。从以往单一的、传统的财务会计功能，向更多的资金管理、费用分析、预算决策等职能转变。在不断提高财务工作人员过硬的专业技术、加强财务管理技术建设的基础上，中一药业充分利用现代化管理手段，加强会计基础工作建设，加强财务管理制度建设，并结合工作实际不断进行创新，通过数字型的语言，为全面支持企业的战略决策、参与企业的管理、谋求企业可持续发展提供导向。

财务管理坚持以技术创新带动管理创新，在会计核算、费用统计、预算管理、资金管理、财务分析等各个方面，加快财务信息化建设进程，实现资产动态管理模式，全面提高财务管理信息化管理水平。除企业资源规划（ERP）系统中财务管理 FI 系统、CO 系统应用外，财务部人员还根据企业资金、费用管理的实际情况，自行设计开发了财务信息管理—银行承兑汇票系统，随时对银行承兑汇票的收入、背书、贴现、托收等情况进行信息反馈。对影响成本的因素进行跟踪、检查，加强成本费用管理和分析，配合 ERP 项目，定期到车间、仓库实施抽查，发现问题，及时提出。根据公司管理要求，对成本变化波动大的品种进行成本分项目分析，找出成本变动的原因，如原材料（包装品）价格上升，工艺、劳动生产率变化，产品质量等对成本的影响，提出建议，以便公司采取改进措施，实现公司管理目标。

第二节　质量第一，中一发展的永恒主题

近年来，中国药品质量不良事件频频发生，其影响有的甚至超越了医药卫生行业本身，成为全社会关注的共同话题。比如，中药注射剂不良反应、"齐二药"药品质量事件等等，在某种程度上，已成为老百姓谈论药品质量的代名词。近年

来，随着我国化学原料药、中成药大量出口到欧美国家，在国外引起的药品质量纠纷事件也在增多。

药品质量是关乎人民群众生命、健康和安全的民生大问题，作为治病救人的药品生产企业，如果自身社会责任感稍薄弱，对药品质量的重视稍一放松，企业就有可能会"千里之堤，毁于蚁穴"。因此，如何将药品质量管理提高到企业经营的高度，并将其作为企业的立业之本、诚信之本、信誉之本，是任何一家负责任的制药企业都应摆在首位并进行思考的问题。

1998 年，我国强制推行的 GMP（药品生产质量管理规范）认证制度，是全国药品质量管理的重大拐点。自此，逐步实施的 GMP 管理，改变了过去乱、差的无序局面，逐步与国际接轨，已成为新时期制药企业生存与发展的必要条件。

中成药生产企业的产品质量问题，更不容忽视。长期以来，由于中药产品在基础研究上较薄弱，产品的有效性和定量、定性一直存在着局限。膏、丸、丹、散等传统剂型"粗大黑"的形象，以及蒸熬煲煮后产品的杂质检测与去除也是一个技术难题，而且由于中药复方产品居多，往往是多味处方掺杂，导致药品的检测和质量控制的难度加大。还有产品的原材料，所含的重金属等对人体有害物质的控制也是一个问题。

中药现代化，首先是中药质量管理的现代化。如何进行质量控制是最主要的问题之一，如何利用现代化的生产技术和检测方法，降低不良反应和药品质量事故的几率，是主要努力的方向。近几年来，通过各界的努力，中成药的质量控制体系不断完善——从药品生产的源头开始，通过 GAP（中药材种植管理规范）认证，规范对药材种植基地的管理；药品生产过程中，严格执行 GMP 的要求，药品监管部门加大了监督检查的力度；采用指纹图谱法对药品进行检验；不断完善《中华人民共和国药典》和《药品注册管理办法》，实施 GLP（药品非临床研究质量管理规范）认证，提高药品非临床研究的质量，规范药品注册的管理。

当然质量管理并不单纯是一句口号或者一些条文。药品质量控制必须贯穿于整个生产、运输、销售的过程，即从原材料的种植到采购入库，到车间投料与加工生产，再到检验检测、销售，任何一个环节违反操作规范，在终端销售中都有可能出现质量问题。因此，质量管理是贯穿于整个企业的经营过程中，它体现的是一个企业的经营思想和经营理念，要将质量管理提高到企业经营的高度。

纵观中成药企业的发展历史，最终能够成为百年老字号并发展壮大的中药企业，无不因为具有良好的口碑而长期得到消费者的认可。中一药业坚持使用最正宗的原材料，严格地进行生产质量控制，对消费者负责任的企业经营理念才是企业发展之本。

一、质量，中一立业根本

作为一家具有 300 多年历史的中成药生产企业——中一药业得以从传统手工作坊式生产，发展到现今采用现代技术手段进行产业化大生产而且日趋辉煌，除了产品和技术创新推动企业发展外，产品质量则更是企业立业、发展之根本。

早在 1981 年，中药一厂便根据国际 GMP 管理有关条文，对全体员工开展质量教育工作。此外，还创造性地引进生产指导方针和目标管理制度，经过多年实践，不断修改，现今已制订出自己的生产指导方针和目标管理制度。企业每年两次经营决策会，制订年度方针目标管理书，明确科室、车间等各自的质量责任和相互关系，再由各部门、车间将质量责任落实到班组和个人。更关键的是上述办法在实施过程中，每年都将一些主要质量目标同经济责任考核挂钩，并由 TQC（全面质量管理）办公室运用 PDCA 法，加强进度检查，纳入电脑追踪，及时反馈、纠正、再实施，组织管理人员不断提高工作效率和工作质量。

从 1984 年起，中药一厂便结合开展 TQC 活动，贯彻实施了 GMP 管理，制订出厂的 GMP 计划与细则和药品生产规范及整改方案。各部门再根据总体要求，制订出 GMP 实施细则。经过多年努力，中药一厂在硬件和软件方面已日臻完善，符合 GMP 要求。在执行 GMP 管理上，中药一厂比 1998 年全国强制性推广起步要早 10 多年！

中药一厂为强化 GMP 管理，又制订出定量管理试行制度。按工艺和生产需要将人、物、现场一体化，即三者有机地结合起来，使生产现场管理实现科学化、规范化。质量管理办公室先组织供销、仓库、小蜜丸车间包装一组和包装二组等部门作为试点，成功后便全面推广定量管理制度的实施，这对提高生产效率、工作效率都起到了积极的作用。

在此期间，党、政、工、团齐上阵，持续开展 TQC 活动，使得质量意识更加深入人心。

1989 年 6 月，在厂领导的支持下，厂工会及 TQC 办公室会同党委、团委、宣传部、人事部等部门，共同筹建组成了全厂 QCC 推进委员会。委员会制定了章程，推动了党、政、工、团齐抓共管 QC 活动的进程，各车间也先后成立了 QCC 推进委员会。由于各级组织的重视与支持，中药一厂 QC 活动纳入评选内容。多年来，中药一厂 QC 小组活动的普及率、活动率及成果率都有稳定提高。

1995年，中药一厂开始对原料供应商进行资格审核，不合格者一律不予采购。这意味着，原料药材的质量保证理念，走在了中成药生产行业的前列。从前只对单个产品发现的问题进行质量攻关，现在是进行全面的质量体系建设，充分体现了中药一厂"质量第一"从口号到行动日趋一致的质量管理理念。

在中一药业，提到产品质量管理，不能不说企业领导对此的重视。原因很简单，领导的态度，会直接影响员工的行为。中一药业始终如一地坚持"质量第一，以质取胜"的管理理念，这充分说明了企业对质量工作的一贯重视。

现任中一药业董事长吴长海有句名言："质量出问题，企业顷刻间就倒闭。"事实上，类似这种"质量是企业的生命"的理念，从一把手开始，早已深深根植于每位中一人的心中。正因为有了公司领导的重视，不仅为QC工作者创造了良好的工作氛围，而且，在中一药业，每一位QC工作者能有效地行使否决权，说得直白些：在这里，质量工作具有绝对的权威性！

值得一提的是，在中一药业，对质量管理理念的灌输，绝对不仅仅针对一些质量管理人员，而是全体员工。全公司深入开展质量活动月活动，就是一个典型的例子。

"质量活动月"是在国家质量监督检验检疫总局倡导和部署下，联合国家相关部门（中共中央宣传部、国家发展和改革委员会、中华全国总工会和共青团中央）并发动全社会和广大企业积极参与，一年一度组织开展为期一个月并旨在提高全民族质量意识和质量水平的质量专题活动。在每年9月都要召开全国性的相关表彰大会，总结质量工作取得的成效和经验，对名牌产品生产企业、质量管理成绩突出的先进单位和个人进行表彰，以此拉开每年全国质量月活动的序幕。

中一药业开展全员参与的质量活动月活动，就是在每年全国的"质量活动月"期间，结合中药药品生产的企业特点，组织举办质量知识竞赛、质量征文等丰富多彩的活动，吸引全公司员工自动自发地投入到企业质量建设中去。从2005年开始，中一药业将每年的9月份定为企业的"质量教育月"，并成立相应的领导小组及办事机构，除参与全国质量活动月统一部署的活动外，结合实际情况开展不同层次、多种形式的活动。

质量活动月一般从6月份开始，持续5个月，开展不同形式的活动，如有关质量征文、质量标语征集、质量合理化建议、质量知识竞赛、GMP自查自纠等，通过全员参与，提高全体员工的质量意识；此外，中一药业还把近几年发生的药害事件作为教育员工的题材，通过多种宣传途径，要求每一位员工吸取教训，时刻牢记药品质量是企业的生命，质量工作容不得半点松懈！

中一药业对质量管理的重视，可以概括为以下4个方面：

一是全员参与，上至公司领导，下至普通员工都是质量管理工作链条中的重要环节；

二是全程管理，质量管理工作从物料在采购阶段就已经进入公司质量管理体系监控之中，从物料进厂到产品生产全过程，从成品销售延伸到售后服务，在产品整个生命周期的每个环节均进行严格把关；

三是精益求精，质量管理工作没有最好，只有更好，必须在原有的基础上，不断做精做细；

四是持续改进，不满足于现状，广泛将国内外先进的质

别开生面的质量教育月活动

量管理理念应用到中成药的生产质量管理过程中，不断提高质量管理水平，逐步与国际接轨。

二、质量体系：产品质量"零缺陷"的可靠保障

"质量是生产出来的，而不是检查出来的"。这是一句深深扎根于中一药业的质量管理座右铭。对此，中一药业总工程师苏碧茹有自己的解释。她说，在药品质量管理的过程中，有一些企业容易走入误区，将控制的重点主要放在产品生产完成之后、出厂之前，或者采取行政部门式的突击检查。这样的结果，往往会导致许多质量的隐患在生产过程中就埋下，而一旦后期检测手法不够先进，或者检测出现纰漏，检测机制不到位，则很难发现质量问题。有时即使发现了，也难以追究是哪一个环节哪一个步骤出现了问题，因此也难以杜绝同样问题的再次出现。

"事后检查的方式，不但无助于质量管理意识的提高，

反而将质量控制当成一项应对的任务而非一种责任，难以形成制度性的质量保证。"苏碧茹强调说。

正拥有这样的认识，在经过了从 TQC 到 GMP 管理的转变后，中一药业质量监督管理体制的调整和工作思路与方式方法也在逐步转变：

比如在监督理念上，实现了从检查型监督向管理型监督的转变；在监督内容上，实现了从偏重企业质量事项到运行全过程监控的转变；在监督方式上，实现了从单一运用专项检查向专项检查与日常监管相结合的转变；在监督基础管理工作上，实现了从管理较为粗放向高标准严要求转变；在监督队伍建设上，则经历了从机构调整向全面提高队伍综合素质转变。

建立健全质量监督机制，看似简单，实则不易。

以专职质监员（简称 QA）工作机制的调整和完善为例。中一药业按照体现监督融入管理、立足眼前、着眼长远的基本思路，首先要做的，主要是明确专职质监员工作职责和工作目标。这包括规范监督检查行为，充实日常监管内容，加强质量管理部对专职质监员工作的指导和督导，提高监督工作质量和成效。其次，建立健全监管工作责任制，明确监管职责，制定监管流程，明确监管分工和责任，加强监管事项的全过程质量控制，切实提高日常监管工作质量。

此外，中一药业还制定了《现场质量检查管理标准》。为使质量检查工作能够持之以恒，落到实处，企业质量管理部还设立了由部门成员组成，直接对所负责的生产车间、加工点进行现场检查的督导组。督导组对各车间日常生产过程进行检查指导，设立《个人质量档案管理体系》，从而初步形成了日常质量监督管理工作的系统化和网络化。

在这一过程中，中一药业逐步修订、完善了《质量考核管理标准》，改进过去岗位目标考核指标过于原则、单一的局面，对全公司职员实行分月记分考核制度。同时量化德能勤绩指标，以完成任务优劣、质量高低、管理工作强弱为标准，坚持月度考核、年度考核、量化考核与综合考核相结合，对质量检查结果和责任认定结果都纳入岗位目标考核的范围，并作为年度评选先进以及晋升的参考依据，使岗位目标考核奖惩机制真正起到激励先进、鞭策后进、奖优罚劣的作用。

中一药业重视药品质量，在广东甚至全国的中成药制造企业中都颇有名气。而稍加探究便会发现，中一药业不断推动产品质量的"抓手"，是几十年如一日地认真贯彻GMP的管理理念，并把它渗透到每一项工作中的做法。

比如在物料验收方面，公司专门成立了验收小组，对入库物料进行验收，不符合要求的物料坚决不能入库；验收合格后再抽取样品送化验室检验，检验不合格的物料，绝对不用于生产。

在生产方面，严格按照注册批准的工艺进行生产。生产过程记录完整准确，生产过程由专职质监员进行监控，生产结束后由操作人员严格按SOP的要求进行清场。如发现有不符合GMP要求或质量不合格的情况，专职质监员拥有否决权，杜绝不合格产品或存在质量隐患的产品流入下一工序。

在卫生管理方面，对一般生产区、洁净区的卫生环境，厂房设施设备，工具，容器，个人卫生等均作出明确的规定；公司医疗室建立员工健康档案，坚持每年一次个人体检，保证从事直接接触药品生产的操作者无传染病和精神病；车间按生产工艺流程和洁净级别要求布局，除生产过程对温度、湿度、压差等进行监测外，中心化验室还定期对微生物、尘粒数进行监测，保证洁净度符合要求；车间根据产品工艺特点选用适宜的工艺用水，并进行监测，确保用水符合国家标准；选择高效、低毒、无腐蚀性、无味无色的消毒剂，保证药品免受二次污染。

在质量保证体系建设方面，建立有三级质量管理体系——公司级、部门（车间）级、班组级，明确各级责任，保证质量管理工作层层落实；同时，在质量管理工作中，实行"三级"管理制度，即自检、互检、专检，生产班组对自身生产的产品进行检查；产品流入下一个班组或下一工序时，实行监督检查；每个工序由专职质监员检查，专职质监员对不合格产品有否决权。"三级"质量监督管理，使产品每个环节的质量均得到有效保障。此外，2008 年，中一药业的拳头品种"消渴丸"全面实现了机械化生产，在生产线上增加了在线质量控制装置，加强了生产过程的质量监测，使产品质量得到更好的保证。

在建立企业质量管理机制方面，中一药业依据科学的管理思想和原理，以强化人的管理为核心，以目标管理、岗位责任制为基础，制定企业各部门、各岗位的规范管理制度并付诸实施。各级人员按其职责对相关的制度进行学习、培训，并由企业领导和管理层带头执行，取得上行下效的效果。

在质量队伍建设方面，为了进一步加强对质量管理队伍的建设，公司提高了 QA、QC 准入门槛，并实施了内部招聘制度，通过筛选，提高了人员的素质，同时制定了相应的考核制度，加强对 QA、QC 的考核，通过每月考核，与经济挂钩，不断提高员工的业务水平，有效地保证了产品的质量监控。

在员工培训方面，坚持员工上岗、转岗培训。中一药业要求员工在上岗之前要系统地掌握 GMP、岗位 SOP 的有关要求，结合企业的实际需要由各部门组织或邀请相关单位的专家进行内训，派员外出参加学习，把培训员工，提高员工的管理能力、技术水平作为工作重点，尊重员工的创新意识和革新精神。通过学习型组织的建立，使员工的专业知识与能力得到不断的充实和提高，变执行型为创造型人才。通过积极、广泛参与工艺改革，生产流程的完善，质量管理工作的推进，使各层次、各专线的员工素质和技能得到不同程度的提高，形成了人人讲质量、想质量、保质量的好风气。公司还通过多种宣传途径，要求每一位员工，时刻牢记药品质量是企业的生命，质量意识就是品牌意识！

总体上来说，中一药业的质量全面管理体系的建立，经过了两个阶段：一是质量体系的初步建立阶段，二是质量体系的全面建设阶段。

质量体系的初步建立阶段：早在 1990 年，中药一厂就成立了标准化工作领导小组，同时会同有关部门共同完成了《质量管理手册》的编撰工作。《质量管理手册》既总结了企业的质量管理经验，也规定了各部门和人员的质量责任，成为企业进行质量管理工作的一个纲领性文件。

计量仪器的精确度及准确性对产品的质量检测工作有直接的影响，为此，中药一厂单独设立了计量科，以加强计量管理。中药一厂在 1988 年被评为国家二级计量单位，1991年晋升为国家一级计量单位。

为了更好地掌握产品质量信息，中药一厂还特别设立了由技术副厂长为领导的信息中心，每年通过召开各大医院主任医师座谈会、产品展销会和用户专访等活动，对产品的品种、质量、规格、包装及服务等多方面征求意见，并积极提出改进方案。

在"八五"期间，中药一厂还进一步充实"全质办（TQC 办公室）"和"企管办"工作，从提高机构素质入手，为提高产品质量不断做出新的努力。值得一提的是，中药一厂还从实际出发，学习应用国际 GB/T10300 有关要素，形成了产品质量各阶段的 8 项质量职能和 11 项综合职能，进行三级展开，构成了具体的质量管理活动 176 项，分配给各有关部门纳入管理范围，完善了工作标准及经济责任考核，完善了质量活动的管理制度，解决了企业在质量管理中扯皮、推诿的现象和"全质办"包办的状况，较好地发挥了企业质量管理体系的总体功效。

到 20 世纪 90 年代，中药一厂先后调整、充实了质量管理机构和质量检验机构的人员队伍及素质。成立了以厂长为主任的质量管理委员会，各车间相应成立了质量管理领导小组。任命有质量管理经验的工程师为 TQC 办公室主任，并配备了具有企业管理、数理统计、化学、物理、中医等专业知识的大学本科生，专科生及中专生，并组成了 TQC 办公室，由一名副厂长担任技术指导，赋予其对全厂质量管理工作的组织、协调、监督、检查等职能。企业各车间、科室设置了专职或兼职质管员 158 人，保证了质量管理体系的落实。

至此，中一药业的质量管理体系，经过 20 世纪 80 年末至 90 年代的调整，已初步形成。

质量体系的全面建设阶段：为了更好地指导各项质量管理工作的开展，中一药业制定了企业的质量方针——全员参与、全程管理、精益求精、持续改进。这一方针是指：全员参与质量管理工作，产品质量，人人有责。全过程均有专职质监员进行监控，务求把好产品的原料关、生产关、出厂关和使用关；精益求精，把质量管理工作做精做细，确保了整个质量保证体系 100% 符合 GMP 的要求；持续改进，在科研、生产、销售、流通各个环节全面地进行改进和提高。把质量管理工作列入企业的工作方针，为建立全面质量体系奠定了坚实的基础。

自 2006 年起，中一药业把原属车间管理的 QA 人员调整为由质量管理部管理，驻各车间及加工点的 QA 人员及中心化验室均由质量管理部统一管理。这样，从物料的验收、检验到生产过程的监控，到成品的检验、批记录的审核等，产品每一个环节的质量均由质量管理部进行严格控制，使质量管理工作更利于统筹与细化。

质量管理工作从源头开始抓起。早在 1995 年，中药一厂便开始对生产用原辅料、包装材料供应商进行审计，制定企业《原料药、辅料供应商审核管理标准》及《包装材料供应商审核管理标准》，并随着国家法规的要求及产品质量标准的要求而不断提高审核标准。此外，企业还制定有《包装材料供应商考核管理标准》，对供应商的供货质量情况进行考核，直接与经济挂钩，进一步加强对供应商的管理，确保产品源头质量 100% 地符合要求。

在实际工作中，真正贯彻"质量无小事"理念，即全体人员均坚持"四不放过"原则——事故原因不明不放过，事故责任不清不放过，防范措施不落实不放过，责任人未受到教育不放过。成品送中心化验室检验，批生产记录由质量管理部设专人审核，在同时具备成品检验合格报告书及批生产记录审核合格的基础上，方可放行销售；设专门的质量咨询电话，并由质量管理部专人负责；设专门的售后维权组，专门负责打假工作；有专门的现代化留样室，每一批产品均进行留样，以便出现问题及时处理。在质量保证体系的建设上，建立三级质量管理体系——公司级、部门（车间）级、班组级，明确各级责任，保证质量管理工作层层落实。

功夫不负有心人。中一药业扎实的药品质量工作得到相关监管部门的认可。2007年7月12日，广东省食品药品监督管理局在广州市举行了《广东省药品生产质量受权人管理办法（试行）》实施启动仪式，中一药业被列入第一批试点名单。

药品生产质量受权人制度即企业法定代表人通过对受权人的授权，让受权人对药品生产质量全面承担责任，享有对药品质量管理的决定权和否决权，并通过转授权的方式建立相应的质量管理体系，并保证该体系的有效运作。受权人制度经实践经验表明，它能强化药品生产企业是药品质量第一责任人的概念，是保证药品生产质量的有效措施。该办法的实施，对强化制药企业内部管理，进一步完善质量管理体系提出了更高的要求。为此，中一药业由总工程师作为质量受权人，是企业产品质量的总负责人，负责每批物料进厂及成品的放行以及关键工艺参数、不合格品、质量标准、产品召回的批准，可对关键物料供应商的选取、关键生产设备的选取、关键岗位人员的选取等其他对产品质量有关键影响的活动行使否决权。

为保证质量受权人制度在中一药业的实施，企业修改了一系列的管理标准来明确质量受权人的职责。质量受权人制度实施后，企业的专职质监员增加到5人，加强了现场监控力度；专职记录审核人员增加到2人，加强了审核的力量；并制定了《质量考核管理标准》及《质量奖励方案》，完善了考核机制，确保了质量管理工作的有效开展；质量受权人根据 GMP 对关键岗位的要求，对关键岗位人员进行选取；与药监部门及同行业的其他质量受权人加强沟通与交流，有利于企业之间取长补短，对中一药业的质量管理水平的提升有较大的帮助。

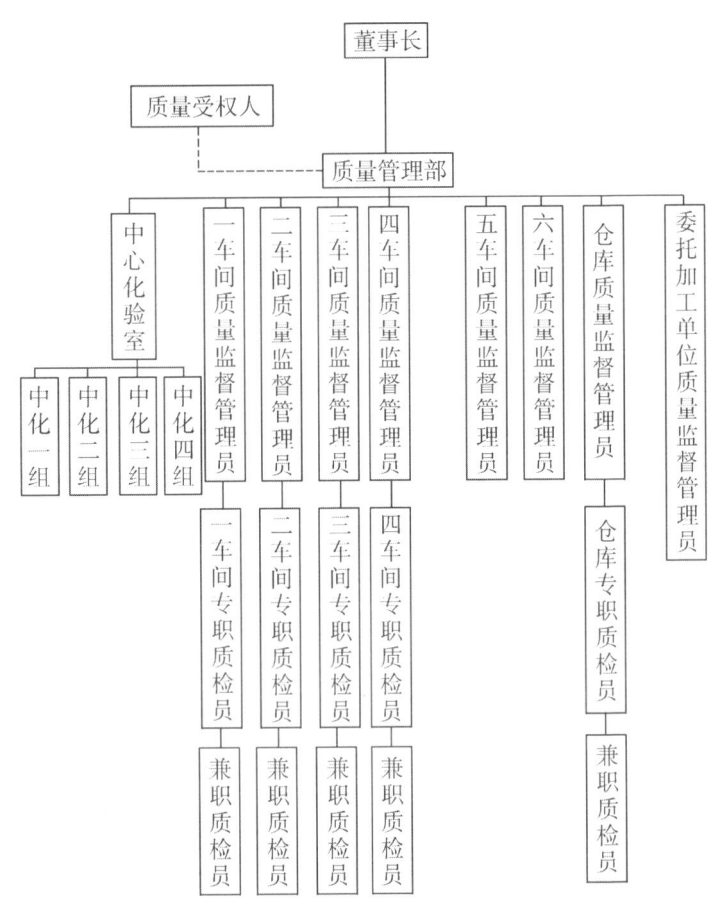

中一药业质量管理架构

质量受权人制度的实施，使中一药业的质量管理体系理念也显著增强，质量管理团队及团队建设也得到了大大的改进。以此为标志，中一药业已逐步建立了全面质量管理体系。

如今，中一药业的质量管理工作已经延伸至生产硬件的建设阶段。2008年，中一药业云埔二期工程建设，公司领导前瞻性地提出对二期工程实施动态管理，设置专职督办，对工程进度、质量进行全程跟进和考核；质量管理工作在工程进入洁净装修阶段提早介入，与督办一起对洁净装修的过程和质量进行全程督察、验收。云埔二期工程顺利完工，其质量得到了GMP认证检查组的一致称赞。

中一药业的质量保证体系在不断的转变中健全，这也正是中一产品市场抽查率"零缺陷"的可靠保证。

三、首批通过国家 GMP 认证，走在行业前列

既然 GMP 管理始终被作为推进药品质量的"抓手"，中一药业对 GMP 工作的重视，也的确到了令人叫好的地步。

1998年，通过场地改造、设备改良更新、制度制定与完善等，以及中药一厂成为全国第一批通过 GMP 认证的中成药生产企业之一，在市场上取得了领先的地位。

GMP 认证，是提高产品质量，提高企业素质，最终提高经济效益的一项重要手段。早在 20 世纪 80 年代，中药一厂便已认识到 GMP 的重要性，大刀阔斧地对旧厂房、旧工艺、旧设备分期进行彻底改造，并引进大批先进生产装备，使颗粒造粒、胶囊剂填充、制剂包装全过程实现机械化、自动化生产，在 QC、TQC、工艺、设备等软件方面亦同步加强和健全管理程序。

正是这些努力，使得中药一厂被评为全国质量效益型企

业，并由国家中医药管理局列入中成药工业企业50强之一，大大提高了企业知名度，使中药一厂产品市场占有率不断提高，销售额和效益同步飙升。

GMP认证也是提高全员职业道德，提高全员业务和技术水平的一项有效措施。GMP达标工作是一项系统工程，囊括了人员、厂房、设备、卫生、仓库管理、生产技术管理、质量管理、文件管理、销售管理和售后服务等。上至厂长下至员工都有明确的要求和责任，是一个高效益、协调和谐的系统。为能顺利通过GMP认证，中药一厂在广州医药集团有限公司的带领下，组织本企业的技术、车间骨干力量参观了北京同仁堂和天津中药六厂，上述两厂已分别取得蜜丸车间GMP认证和全厂GMP认证。与中药一厂对比，虽各有所长，但都有值得中药一厂学习的地方，尤其是软件管理和现场管理有独到之处。

为保证中药一厂能顺利取得GMP认证，在厂级GMP工作领导小组的统筹规划下，加强以基建为主的技改力量，抓紧厂房建设工程进度，确保按质、按时完成硬件再改造任务；强化以GMP软件整理工作小组为主，迅速编辑、整理、完善和修订全厂GMP管理文件、SOP文件、全厂GMP认证工作责任制；以技术科为主的教育力量，加紧在认证前对全厂员工进一步进行GMP规范文件的培训和学习，并通过考试，力求人人熟悉GMP，在一切工作中切实执行GMP；强化以车间主任为主，全面按照GMP认证文件要求，在厂工作小组自查基础上，自我寻找差距，迅速整改，并按照GMP要求调整和充实一线人员。中药一厂通过GMP认证工作，建立起一支知识水平高、技能高、素质高的制药工作队伍。

在GMP认证过程中，公司认真对照GMP条款的要求，对原有的各项管理工作进行了系统的梳理，在查漏补缺的过程中进行不断的整改，使原有的质量保证体系得到了进一步的完善，各项质量工作也逐步实现了制度化、标准化。层层落实的质量控制体系的建立，使中一药业的产品质量在市场上得到消费者的认可，信誉度得到不断提高。而正是通过GMP认证，中一牌产品在市场上也具有越来越强的竞争力。

附录：GMP认证

GMP是联合国世界卫生组织为了加强对全球药品质量、药品的有效性和安全性监管，有针对性地对制药生产厂家提出一整套全面的、有效的实施细则。日本国内药厂早在20世纪70年代末、80年代初便已全面实施；我国台湾药厂也有大部分厂家取得认证。为同国际接轨，我国在1985年颁发的《药品管理法》的第九条中，明确规定药品生产企业必须符合《药品生产管理规范》。卫生部在1992年又重新对《药品生产管理规范》进行了全面的修正，成为我国GMP的官方正式文件。紧接着，国家中医药管理局正式对我国中成药生产企业提出总的要求：在1998年仍未取得认证的企业，新产品不准投产；而未经认证的药品，出口到世界各地也难获批准。

四、通过澳大利亚TGA认证，走向国际市场

为加快中药生产国际化的步伐，中一药业经申请并通过了澳大利亚医疗产品管理局（TGA）的GMP认证，使中一药业一下跻身到国内少数同时拥有GMP和TGA双重认证的中成药制造企业行列。

澳大利亚GMP标准是国际上最新、采用国家最多的标准，通过澳大利亚GMP认证就意味着获得与澳大利亚同为国际药品监察合作计划成员的英国、法国、德国、奥地利、意

大利、加拿大、捷克和斯洛伐克、芬兰、希腊、冰岛、比利时、丹麦、瑞典、新加坡、荷兰等20多个国家的通行证。

　　2006年，中一药业在做了大量的前期准备工作后，开始了申请澳大利亚的 TGA 认证之路。当年 3 月 15～22 日，澳大利亚 TGA 审核专家到中一药业进行了为期一周的系统、全面、认真、细致的现场检查与审核，审核过程中，中一药业完善的质量管理体系建设令外国专家刮目相看，连声称赞：想不到在中国，尤其是中药生产企业内，竟有如此高标准、高规格的厂房设施，有如此完整严谨的质量管理体系！

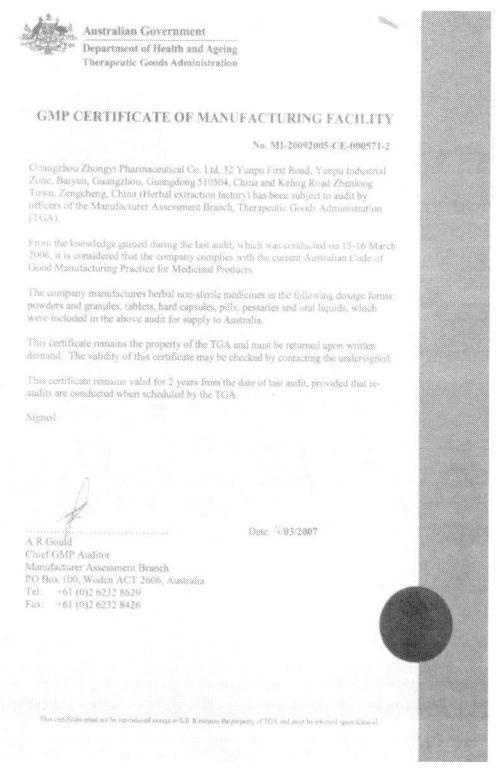

TGA 证书

顺利通过澳大利亚GMP认证，标志着中一药业采用国际标准进行技术规范，保证公司在全球经济一体化大背景下参与竞争，公司的各项质量管理工作更是提升到国际化的管理水平。中一药业把国内GMP的各项要求与国外的GMP相结合，运用于日常的GMP管理工作中，逐步加强了GMP管理工作的可控性与可追溯性，使GMP管理水平在坚持不懈地追求完善中得到较大的提高。

TGA认证工作会议现场

五、云埔新厂区：踏上质量管理新里程

　　云埔新厂区，是中一药业为扩大企业的发展规模，提高企业的生产能力，增强企业的市场竞争能力，在广州萝岗区云埔工业区12万米^{2}的地块进行GMP易地改造建成的。云埔

新厂区的一期工程、二期工程分别于 2004 年 12 月、2008 年 10 月顺利通过 GMP 认证。随着新厂房及先进设备的投入使用，为全力打造全国治疗糖尿病生产基地和华南地区消化道生产基地进一步奠定了坚实的基础。

在云埔新厂区，中一药业正在将 GMP 管理实施日常化、制度化、信息化。除了进一步加强日常工作中的 GMP 培训与学习外，中一药业还制定实施了一系列符合 GMP 要求的制度，使物料、中间产品、成品的质量控制得到了较大的加强；通过 SAP 管理系统，从物料的购进到各工序的生产及成品的销售等进行详细记录，实现信息化管理，做到全过程监控，绝不让不合格产品流到下一工序，为药品生产的质量安全提供了可靠的保证；并通过推行定期到各生产车间及加工点进行查证制度，一年两次进行全面 GMP 自查相结合的方式，进一步强化了 GMP 的基础管理工作。

走进中一药业的云埔新厂区片剂生产车间，现代化气息扑面而来。整个车间的先进设备大部分是从国外引进的，全自动的内、外包装生产线可直接减少人体接触药品的机会，进一步保证了药品的卫生安全。

在保证药品安全的同时，中一药业对工作人员的要求也很严格，每个工作人员上岗前必须通过健康检查，并定期复检，在进入车间前都要进行消毒。

药品作为一类特殊产品，在维护公众健康方面起着重要的作用，其质量一直受到政府的密切关注。药品中起作用的是活性化学物质，药厂在药品生产过程中除加强药厂内部诸多质量因素的过程控制外，还要对药厂外部关键质量因素有所控制，如对配方、原料、辅料、包装材料、仪器设备以及建筑材料的质量采取控制措施。

药品包装分内包装和外包装两部分。在药品的包装过程中，为防止污染和混淆，不同产品品种、规格，同产品不同批号都采取隔离独立生产。中一药业的内包装车间拥有 30 万级 GMP 认证的洁净车间，采用紫外线、臭氧等进行消毒灭菌。为保证生产环境安全、卫生，除工作人员以外，对其他人员均限制进出。

保证质量安全，设备本身的先进性也是关键一环。中一药业依据发展需求，先后从加拿大、德国等地引进了一批技术先进的设备，如小蜜丸塑料瓶自动包装生产线、全自动入盒包装生产线等，还在中药行业内率先采用微波干燥生产。上述设备在国内同行业中达到了领先水平。

其中，为了保证药材的原料和成品的检验环节的可靠性，中一药业还特别引进了先进的高效液相色谱仪、薄层扫描仪等精密的仪器，对药材和药品进行严格把关。使每批进入公司的药材、辅料均经过化验室检查，合格后再使用，每批出厂的药品经过严格的检验，合格后再出厂。每批出厂的药品做详细销售记录，根据销售记录追踪每批药品的售出情况，必要时便能及时全部追回。

以云埔新厂区硬软件建设为契机，中一药业不断提升的 GMP 管理水平，得到了同行业及药品监管部门的一致认可。随着 2008 年 1 月 1 日新的 GMP 条款的实施，中一药业也及时适应新的要求，对整个 GMP 管理体系进行了彻底的自查自纠，找出与新的 GMP 要求的差距，并着重加以完善；为了使全体员工更好地执行新的条款要求，不仅组织了内部各级人员进行培训，还专门聘请了药品监管部门的专家进行专业培训；配合新条款的实施，进一步细化质量考核制度，制定质量奖励方案，并运用计算机 VB 语言建立个人质量档案。中一药业的质量管理工作逐步实现了信息化管理，使管理水平得到了较大的提高，全面质量管理工作得到了层层的落实。

以云埔新厂区为新跑道，借助新 GMP 条款的实施，建立、运行和完善全面质量管理体系，中一药业正踏上质量管理新征程，迎来新一轮起飞。

六、质量管理的"明星效应"：邵明立"要带外宾来参观"

经过多年的质量管理建设，目前中一药业实行领导质量责任制，拥有层层落实的三级质量控制体系，从中药原材料的精心备选到消费者安全用药的每一个环节均有详细的质量管理规程，真正做到质量工作制度化、标准化。产品在国家、省、市三级食品药品监督管理局的多次质量抽查检验中，合格率均达到了规定要求。

2005 年，国家食品药品监督管理局提出引进受权人管理制度，2006 年，广东省作为全国首个试点省份开始实行该制度。2007 年，中一药业成为广东省第一批药品质量受权人制度试点单位，中一药业承诺：一定严格按照法律法规开展生产、经营工作；坚决承担药品质量安全"第一责任人"的责任；坚持"质量第一，以质取胜"的经营理念；主动收集、报告药品不良反应；坚决拥护受权人制度，确保企业质量受权人顺利履行职责；严格按照《药品注册管理办法》开展新药研发工作，保证所有申报材料真实可靠。该制度促进了企业不断完善质量管理体系建设，明确企业质量管理工作中的责权，切实保证药品 GMP 的有效实施。

2005 年，国家开展国家药品整治专项行动，在此后一年半的时间里，出台了许多新政策和新法规，维护了正常药品市场秩序。2007年6月，国家再次开展整顿和规范药品市场秩序专项行动。中一药业被定为广东省专项整治工作的迎检单位。中一药业在认真学习和贯彻国务院、药品监管部门下发的《国务院关于加强食品等产品安全监督管理的特别规定》等文件，围绕国务院确定的3大重点、8项任务、20个量化指标、10类涉及人身健康安全的产品以及12个100%目标进行部署后，开展了药品生产自查、药品注册自查、广告和宣传资料自查、修订和完善质量管理文件、对员工进行法律法规及GMP知识的培训教育等6个方面的工作。当年，中一药业通过了国家专项整治行动的检查，科研、生产、销售、流通各环节得到全面提高和加强，进一步完善了质量管理体系，员工质量意识进一步提升，执行GMP的自律性明显加强，企业效益显著提高。

在2007年底的全国医药行业药品质量诚信建设示范企业现场检查评定中，专家组从质量教育、质量管理制度、质量管理制度执行情况的监督检查、质量方针、质量评审、质量奖惩、质量否决权等方面对中一药业进行了全面检查。专家组一致认为，中一药业注重质量诚信建设，经营业绩显著，在医药行业具有示范作用，决定授予药品质量诚信建设示范企业称号。这是中一药业迄今为止获得的全国药品质量评比的最高荣誉，也是广东省首家获此殊荣的药品生产企业。

自2007年以来，国家及省、市（区）等各级食品药品监督管理部门对中一药业进行了多次严格检查指导，包括GMP常规检查、专项跟踪检查、药品注册现场核查等。中一药业注重质量诚信建设、经营业绩显著、始终坚持把药品质量诚信视为企业生命的做法也得到专家们的认可，被认为是在医药行业具有示范作用。

2007年11月，全国产品质量和食品安全专项整治第三次现场会在广州召开，会上时任国务院副总理吴仪充分肯定了广东省的专项整治工作。广州中一药业作为这次专项整治的现场迎检单位之一，质量管理工作先后得到了国家药监局局长邵明立，国家工商行政管理总局局长周伯华，广东省委常委、广州市委书记、广州市人大常委会主任朱小丹和广东省副省长佟星等领导的充分肯定。

此前，广东从没有一家医药企业因为质量诚信建设，得到这么多领导的赞扬和肯定。先是国家药监局局长邵明立等一行带领督导检查组来广州中一药业。督导组一行考察了中一药业的产品开发部、中心化验室，并深入车间仔细考察了固体制剂的生产和管理过程，详细了解企业在保证药品质量安全方面的制度和做法，对企业严格按照药品生产质量管理规范组织生产的做法予以充分肯定，勉励企业加强自身监管，建立严格的质量控制体系，确保人民群众的健康和安全。临走前，邵明立局长感慨地说："以后还要带外宾来参观。"

时任国家食品药品监督管理局局长邵明立在中一药业调研

随后，广东省委常委、广州市委书记、广州市人大常委会主任朱小丹也亲自带队到中一药业，开展药品安全专项整治工作。

朱小丹详细询问药品进货渠道、安全加工措施等情况。他反复强调，确保药品质量、杜绝安全隐患是保障群众健康利益的基石，一定要做到百分之百的药品安全。他称赞中一药业创"百姓放心药品牌"的做法好，同时指出，国有企业要始终把药品安全作为第一责任，建立标准更高、要求更严的质量安全保障体系和质量可追溯制度，带头执行好国家药品安全和检测技术标准，在产品质量和食品安全专项整治工作中带好头、起好表率作用，并对中一药业的药品安全做了充分肯定。

检查中，朱小丹多次谆谆勉励："广州中一药业要进一步做大做强，成为支柱，药品安全一定要走到全行业的前面，争取形成标准。"

2009 年 3 月，时任中共广东省委常委、广州市委书记、广州市人大常委会主任朱小丹同志（右）亲临中一药业调研指导工作

广东省副省长佟星来到中一药业，在督导检查产品质量和食品安全专项整治时，充分肯定了中一药业对专项整治工作高度重视、成效显著，做到认识到位、责任到位、措施到位，并对药品专项整治工作提出了指导性意见。

时任广东省副省长佟星对中一药业专项整治工作进行指导

国家工商行政管理总局局长周伯华率全国产品质量和食品安全专项整治现场会代表也来到中一药业，在听取了企业对药品专项整治工作的情况汇报，细致审阅了药品注册现场核查资料、生产质量管理资料、供应商审计资料、原料购进和销售台账、计量资料、人员培训档案、员工健康档案、验证文件、批生产记录等专项整治的资料后，现场检查了企业的中心化验室、生产车间。

周伯华在充分肯定中一质量诚信建设工作的同时，勉励企业要在质量上更上一层楼。他说："中医药作为中华民族宝贵的文化遗产，要保持特色，发挥优势，争取突破性进展。"

时任国家工商行政管理总局局长周伯华率检查团一行到中一药业检查工作

第五章
企业文化

本章看点：

●当社会责任成为越来越多企业追求目标的时候，最基本的往往是最重要的，那就是经济责任。作为一家企业，一家医药企业，一家中药生产企业，中一药业正是时时将经济责任放在第一位。作为商业领域的企业，首要是其商业表现，能否为国家和地区的发展作出应有的经济贡献；其次是能否会因为自己良好的商业表现，给自己的股东、员工以及自己的商业合作伙伴带来良好的收益；其三是能否会因为自己一流的产品，为保障老百姓的身体康健作出自己的努力。这就是经济责任视野中的中一逻辑。

●市场经济大潮中，真正的企业不仅是一个经济体，同时也是一个社会人。从赞助足球到建立糖尿病健康之家，从慰问受南方冰灾群众到捐助四川地震灾区人民，中一药业对社会的关注，就像关注企业本身。而中一药业对环境的责任，就像其推出"药品包装环保回收机制"一样，不遗余力，充满热情，且富有智慧。不知不觉，日积月累，中一药业正在形成自己独特的中一文化。

第一节　恪守经济责任

　　企业的社会责任是企业软实力的重要组成部分，一家没有树立良好企业社会责任形象的企业，显然难以获得长足发展。企业发展的外部环境，包括政府部门、股东、消费者、合作伙伴、社会团体等，企业从这些个人和单位、团体身上获取利润的同时，也是建立一个互相信任和互相提供价值的过程，只有善取而又善报的企业，才能实现可持续发展。企业的社会责任又分为经济责任和社会责任，经济责任即为股东和消费者创造经济价值的行为，社会责任即除经济责任之外企业回报社会，践行企业公民的一种责任。只有两种责任都做到了，企业才能获得良性的循环发展。

　　1995年，在全国中药展销会上，原全国政协副主席叶选平，对中药一厂的服务理念进行高度概括，亲自题词"嘘寒问暖，始终如一"，这8个字正是中一药业善尽社会责任的体现，中一药业自始至终都将产业的发展、社会的进步和人民生活的改善放在与企业自身成长壮大同等重要的位置。

　　中一药业积极承担企业社会责任，以高效管理和自主创新实现企业自身以及产业的可持续发展为基础，以新跨越战略为指导，不断创新企业管理模式，努力实现企业低成本、高效率运营，巩固和拓展企业规模优势，在新形势下保持战略前瞻，有效管理和控制风险，创造发展机遇，不断提升企业价值创造力，引领产业进步。

中一药业积极承担企业社会责任，以致力于药物创新和人文关怀推动社会可持续发展为核心。中一药业通过加快新药研发和技术创新，为市场提供更有效的治疗药物，提升民众用药水平；切实关注和提升业务与服务质量，营造健康、安全、放心的消费环境与应用环境；积极投身社会公益事业，真诚关爱弱势群体，扶危济困，支持教育，助力提升社会物质、文化生活水平。

中一药业积极承担企业社会责任，以资源合理使用与回收再生贡献于环境可持续发展为长期关注点。中一药业一直坚持以节能减排为重点，建设和运营"绿色制药工厂"；高度重视和严格控制企业运营的环境影响，不断强化废弃物管理与循环利用，建设资源节约型和环境友好型企业；结合企业运营特点，不断唤起公众环保意识，支持公益环保行为，带动社会共同参与环保。

多年来，为落实企业社会责任战略，中一药业渐渐形成了自身的企业社会责任体系和流程模式。

经济责任是作为一名优秀的企业公民所必须承担的最基本责任，中一药业坚持精益求精，追求高水平的管理与运营，以创新为动力，不断推动企业的可持续发展。这一点在中一药业的企业理念中占有突出地位，唯有如此，才能贡献税收，带动行业发展，在践行中药现代化和自主创新使命的过程中，与产业链合作伙伴及员工、社会共同成长、进步。

一、卓越的商业表现

企业的经济责任表现在为消费者、股东提供的产品价值和经济价值。作为一家中成药生产企业，中一药业发挥了救死扶伤、治病救人的企业社会责任。300多年来不断通过专业制造的精神，秉承了老字号企业"养和树德"的理念，为广大患者提供了疗效确切的好药。如中一药业的主打品种消渴丸投入市场29年来，累计服用患者2 000多万人，累计销售额已突破50亿元，迄今仍保持强劲的增长势头。并且，在市场销售的治疗2型糖尿病产品中，消渴丸的价格相对比较便宜，减轻了患者的用药费用负担，在目前中国医疗保险体制尚未健全的情况下，起到了一个国产品牌制药企业的价值观传播效应。

中一药业正在源源不断地将疗效确切、价格适中的中成药产品提供给广大消费者使用，并且形成了遍布全国的销售网络。迄今为止，中一药业在全国的销售伙伴已经遍布30多个省、市、自治区，保证了无论是在青藏高原的乡村，还是在海南岛的渔村都有中一药业的产品销售。

从2003年开始，中一药业连续5年保持了领先行业平均的增长速度，从改革开放初期一家利润只有几百万元的小厂到如今利润超亿元的大型企业。多年来，中一药业为国家贡献了大量的税收，其中，2005年实现利税总额18 234.73万元，2006年实现利税总额21 768.96万元，2007年实现利税总额25 575.26万元。

作为国有企业，中一药业为国有资产的保值增值贡献了自己的力量。

多年来，中一药业始终遵循自己的服务理念：嘘寒问暖，始终如一，为了把企业发展成为现代中药一流企业而努力。

二、质量至上，荣誉无价

"多制药，制好药，一切以服务百姓健康为准"，是中一药业科学发展的一个重要方面。其拳头产品中西药结合治疗糖尿病的良药——中一牌消渴丸享誉中外，畅销 20 余年不衰。中一牌消渴丸产生的历史是中一药业以质量精心培育市场名牌产品的一个缩影。

从 2001 年起，中一药业每年都开展质量用户访问工作，质量管理部组织企业监督管理员及质量管理人员，每年都会到相关地区进行用户访问工作，及时了解产品在市场质量情况、用户对质量服务的要求等，以促进、提高质量售后服务工作。

近年来，面对市场经济大潮的冲击和社会上种种不正之风的干扰，中一药业没有随波逐流，在企业不断自律的过程中，积极配合各级政府和相关职能部门整顿和规范药品市场秩序，为全面推进我国食品药品监督管理水平的提高作出贡献。

第一批通过 GMP 认证，建立 GAP 药材种植基地，通过澳大利亚 TGA 认证，消渴丸使用指纹图谱进行质量控制等等，中一药业将为人民群众造好药、造放心药的理念融入企业未来可持续发展观。

正是通过抓药品质量，中一药业做出了品牌，获得了一次又一次荣誉：1988 年，被评为全国首批 5 家中成药国家级企业之一；1997 年，被列入全国中成药企业 50 强单位；1999 年被评定为广东省技术创新优势企业；2001 年，获全国用户满意服务企业、全国质量管理小组活动优秀企业等称号；

2001～2004 年，连续 3 年荣获全国质量效益型先进企业称号；2003 年被评为全国诚信单位光荣榜上榜荣誉单位；2004 年，经国家食品药品监督管理局信息中心审核，被推荐为食品药品监督质量信誉名优（品牌）企业，同年被评为广东省食品医药行业科技质量工作先进单位、广东省食品药品放心工程示范基地、食品药品监督质量信誉名优（品牌）企业；2004～2005 年，连续两年被列入中国广州最具诚信度企业 130 强；2005 年，位列中国广州最具竞争力制造业和高新技术企业 100 强第 7 名，被评为中国广州最具成长性优秀企业、广东省科技创新优秀企业、第二届全国名优产品售后服务行业十佳单位；2007 年，被列入中国质量 500 强，被评为第五届全国诚信企业光荣榜上榜荣誉单位，获中国质量协会颁发质量诚信建设示范企业称号，位列中国广州最具诚信度企业 100 强第 15 名，被评为广东省用户满意企业，荣获 2007 年度（第三届）消费者信赖的——中国十大药业质量品牌；2008 年，被评为广东省用户满意企业、全国用户满意企业以及改革开放三十年广东省质协以质取胜企业。

中一牌的产品也因此而获得了社会各界的认可：1999 年，消渴丸被评为广州市名牌产品；2000 年，中一牌产品被评为广东省著名商标，胃乃安胶囊被评为广州市名牌产品；2001 年，中一牌获美中著名品牌称号；2002 年，消渴丸和胃乃安胶囊荣获广东省名牌产品称号；2003 年，消渴丸、胃乃安胶囊、乳核散结片、障眼明片均被评为广东省医药行业名牌产品；2004 年，障眼明片荣获广东省名牌产品称号，消渴丸获消费者喜爱的知名品牌产品称号；2005 年，中一牌产品获广东省著名商标，消渴丸、胃乃安胶囊、乳核散结片、障眼明片、加味藿香正气丸、腹可安片获消费者喜爱的知名品牌产品；2006 年，被评为 2006 年度最受百姓信赖的健康品牌、中国著名品牌、最受百姓信赖的健康品牌；2007 年，消渴丸、胃乃安胶囊、乳核散结片、障眼明片、加味藿香正气丸、腹可安片被评为消费者认可的优质信誉品牌，中一牌产品荣获 2007 年度（第三届）消费者信赖的中国十大药业质量品牌、中一牌产品已正式选入中国企业数据库——中国名优产品；2008 年，中一牌被评为 2007 年度广东省优秀自主品牌、中国十大药业质量品牌；2004～2007 年，障眼明片连续 4 年被评为广东省名牌产品；2002～2008 年，消渴丸、胃乃安胶囊连续 7 年被评为广东省名牌产品。

在 2007 年 3·15 消费者权益日活动期间，中国消费者基金会开展的消费者认可的优质信誉品牌推介活动中，中一牌消渴丸、胃乃安胶囊、加味藿香正气丸、乳核散结片、障眼明片、腹可安片再次获得消费者认可的优质信誉品牌荣誉称号，并在《名牌时报》、《消费日报》、中国维权 315 网（www.ccn315.cn 企业 LOGO 在网站首页滚动播出，时间为 3 个月）进行宣传介绍，入选《维护消费者合法权益，国内知名企事业单位》专刊。

荣膺消费者认可的优质信誉品牌的殊荣，体现了中一牌产品在消费者心目中的含金量和信任度，是贯彻落实《消费者权益保护法》及有关法律法规的成果，是广药集团优秀企业形象的完美展现。

2008 年 2 月，在全国医药行业进行的"药品质量诚信建设示范企业"的现场检查评定工作中，专家组从质量教育、质量管理制度、质量管理制度执行情况的监督检查、质量方针、质量评审、质量奖惩、质量否决权等方面对中一药业进行了全面检查，一致认为，中一药业注重质量诚信建设，经营业绩显著，在医药行业具有示范作用，授予药品质量诚信建设示范企业称号。这一殊荣，使中一药业成为广东首家获此殊荣的药品生产企业。

2008 年，中一药业以 2 000 万元取得 2008 赛季广药足球队的副冠名权。

2008 年，向四川汶川地震灾区捐款 41.32 万元，捐药合人民币 67.2 万元，并深入灾区送医、送药。5 月 12 日，四川汶川地区发生了破坏力极强的地震，当晚电视上，一座座坍塌的大楼以及劫后余生的人们，在大雨中无助的惨烈镜头，让中华大地为之震惊。中央和地方电视台连日来报道的那些失去孩子的父母，那些从废墟中死里逃生的受伤群众，他们的痛苦和他们缺医少药的情景，牵扯着包括中一药业全体员工在内的千千万万人的心。当地人民自救场景、及时赶到灾区救援的工作者不顾生命危险救人的感人事迹，任何一个人都会为之动容和萌发赈灾的冲动。

12 日地震消息传出后，中一药业党委第一时间召开了紧急会议，部署支援灾区行动；5 月 13 日，企业内发起向四川省汶川县地震灾区送温暖、献爱心捐款行动，许健董事长、吴长海总经理带头捐款，同时，将价值 45 万元的中一牌腹可安片、加味藿香正气丸、维 C 银翘片等药品捐赠给抗灾一线，帮助灾区人民渡过难关。

地震无情人有情，虽然地震给灾区人民带来了极大的灾难和痛苦，但同时也唤起了全国人民的热血、全民族的团结、全人类的爱心，中一药业也众志成城！

统计至 2008 年 5 月 16 日上午 10：00 止，中一药业员工的捐款金额为 164 681.70 元。但灾情依然非常非常的严重，灾区还是非常非常需要像中一药业这样有爱心企业的帮助，中一药业再一次呼吁中一人捐款，中一药业团委也呼吁广大团员、青年和职工继续发扬"一方有难、八方支援"的精神，踊跃报名参加献血活动……

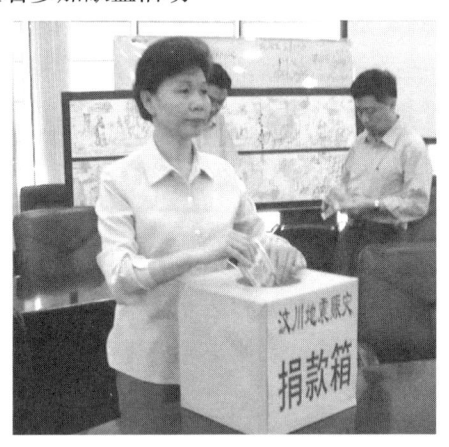

许健董事长、吴长海总经理等公司领导带头为灾区捐款，并呼吁公司员工伸出友爱的双手以实际行动帮助灾区人民早日渡过难关

2008 年 5 月 15 日，在向地震灾区捐赠仪式上，广东省副省长、省红十字会会长雷于蓝（中）代表省红十字会接收药品

吴长海总经理接受媒体采访时表示：全社会共同参与，伸出援助之手，灾区的人民就一定能渡过难关

5月23日晚，中一药业接到一位广州日报记者打过来的电话，说在采访过程中，四川绵竹县德阳市福星镇卫生院的医生要求帮助寻求糖尿病药及降压药，公司领导当即与销售部经理联系，当晚川渝贵联络处和公司领导紧急召开网络会议，确定无偿向福星镇卫生院提供消渴丸的计划，以解决灾区降糖药紧缺，保证糖尿病患者的健康。

5月25日早上10：00，川渝联络处的工作人员和第三终端人员，带着800瓶中一牌消渴丸到达了绵竹县福星镇卫生院。福星镇卫生院姜院长对中一药业的到来非常感激，他说现在卫生院的药品都非常短缺，而降糖药已经不能正常供给患者，中一牌消渴丸的到来就是雪中送炭。不少福星镇的糖尿病患者在前一天就知道了厂家送药的消息，便早早等候在卫生院。中一药业送药人员一到，患者们即围着医师详细地说明自己的病情，并咨询消渴丸的用药方法、效果及糖尿病

中一药业川渝贵联络处的工作人员开着专车将中一牌消渴丸亲自送到灾区一线

人日常生活注意事项。有的不能来到现场的患者通过电话向医师咨询消渴丸的情况。患者对中一药业深入灾区送医、送药，关爱糖尿病患者的爱心行动十分感动。

这次爱心行动，不仅表达中一人对灾区人民的关爱之情，而且也再一次体现了中一药业人道主义的精神和"嘘寒问暖，始终如一"的企业经营理念，树立了公司良好的社会责任感和奉献精神。

当地的糖尿病患者排队领取中一牌消渴丸

2008年，中一药业"药品包装环保回收机制"启动，所得全部收益将以等值药品捐赠给困难群众和贫困地区，包括汶川、绵阳等受地震灾害严重影响的地区。

2008年9月10~18日，中一药业团委积极响应团广州市委、广药集团团委的号召，组织了50名团员青年参加了广州"友爱车厢，文明有我"志愿服务统一行动，分别在540路、36路、823路等公交车上进行志愿服务，引导广大市民文明乘车，发挥志愿者在广州市创建文明城市工作中的突击队作用，为创建文明城市贡献力量。

参与的团员热情高涨、精神饱满地奔赴各服务站点，统一佩戴志愿者红帽子和"广州市青年志愿者"飘带，在公交站场引领乘客有序上车，帮助老弱病残、孕妇及抱婴者等上车及提携行李，在车厢内宣传为有需要乘客让座的礼仪，维持文明乘车秩序。

当时的广州，天气持续炎热。志愿者服务的线路有30多个站点，而且通过的路段交通拥挤，每次随车服务需要在公交车上站立3～4小时，部分团员没有吃晚饭，一直到晚上20：00才返回总站，回到家已经22：00。虽然非常辛苦，但中一药业的团员们克服困难，全力以赴地投入到"创文"服务中，顺利完成了服务任务，受到了乘车市民与上级领导的好评，也在公司内形成了一种"从我做起，从现在做起，争当文明现代人"的良好氛围。

另外，在团市委、团荔湾区委的组织下，中一药业团委还组织第8团支部的团干部参加了荔湾区百日志愿服务大行动。活动中，公司的志愿者联合荔湾区白鹤洞街道金花社区的工作人员一起，参与了平安社区巡逻工作，为社区的居民派发消渴丸健康小册子，并利用自身的知识，为一些老人介绍糖尿病的预防保健知识和消渴丸的主要功效。

第二节　善尽社会责任

在建设社会主义和谐社会的大背景下，医药企业应认真思考自己的社会责任，重新审视追求企业利润最大化的初衷，在两者之间寻找一个完美的结合点。这既是企业作为社会公民的内在要求决定的，也是一个企业实现长远健康发展的需要。

管理学大师彼得·德鲁克说："要知道企业是什么，我们首先要了解其目的。一个企业想达到的目的，一定落在企业之外。""仅有一个有效的定义诠释企业的目的——创造顾客。"可见对利润的追求只是实现企业使命的手段而已。企业使命的另一个重要部分是企业的社会责任。企业的社会责任可以分为两个部分：一是在法律框架下的社会责任，如遵守《劳动法》、《环境保护法》、《税法》等；二是在道义上的社会责任，如捐助灾民、参与公益环保事业等。

中一药业在努力完成企业最高使命——带给人类健康的同时，不忘社会责任和道义，通过一系列的活动和举措善尽社会责任。自2000年以来，逐渐构建了完善的社会公益活动战略，且每年都在社会公益事业方面投入大量的资金和人力。

2000年与政府联合举办中一杯千禧元旦广州内环万人环城跑活动，赞助首届广州企业文化节，接过全国足球甲B联赛广州队的主场经营权。

中一杯千禧元旦广州内环万人环城跑活动

2001 年，捐资建造新丰县粤教基金南坑小学的教学楼。

2003 年，支持广州参加第五届城市运动会。

2004 年，赞助广州日之泉中一药业足球队。

2004 年 10 月，中一药业全程独家协办卫生部和中华医学会联合主办的健康新长征活动，前后历时近 3 年。

2005 年，赞助中美篮球对抗赛。

2006 年，作为组建广州医药足球俱乐部有限公司的投资方赞助广药足球队。

2007 年，广药足球队成功从中甲晋级中超，实现了冲超梦想。

2007 年，中一药业加强对体育事业的投资，用 2 000 万元得到广药足球队的副冠名权。

2007 年，成立中一健康之家，为患者实行减免就诊费用、免费体检、赠阅科普杂志、提供健康咨询等便民服务。

中一健康之家主要以普及正确的疾病防治知识，提高全民对疾病预防和自身健康状况的关注为宗旨，是一个与广大病友共同组建的会员制俱乐部。中一健康之家秉承中一药业"嘘寒问暖，始终如一"的企业精神，让会员通过专业的健康指导和形式多样的活动，得到无微不至的贴心服务，从而营造健康、温馨、关爱的家园。经过几年的发展，现在中一健康之家已经拥有 3 万多会员。

中一健康之家为全国使用中一牌产品的患者建立起专门的服务体系，并与全国逾 100 家医院合作建立了中一健康之家服务点，通过专业的健康知识辅导和多种形式的品牌体验活动，包括邮寄相关健康知识刊物、有奖健康知识活动、免费健康检查等活动，向会员提供无微不至的优质服务，为会员营造健康、关怀、温馨的快乐家园。同时对 800 条热线升

级，建立集网络、电话、计算机系统为一体的综合应用体
系。

2008 年 1 月下旬，为我国南方 14 个省份遭受冰雪袭击、
冰冻灾害的受灾地区捐款捐物。

中一杯中国足球甲 B 联赛广州赛区新闻发布会

慰问残疾儿童

225

参加"志愿新风，平安有我"荔湾区百日志愿服务大行动

每年举行的"七一"活动

释心之旅团队活动

职工登山活动

职工运动会

职工演讲比赛

表演的精彩节目展示了中一人的风貌

第三节　文化视野下的中一药业

一家企业在市场上的终极竞争力是产品、品牌、科技……，中一药业则将之定位为企业文化。

有着300多年历史的中一药业，企业文化有着深刻的历史烙印，同时也具有令人惊讶的时代特色。这样一家企业，正如一个绵延不绝的生命，能历经磨难而不被市场淘汰，自有其坚韧的人生哲学——无论是战乱还是市场萧条，以及对市场的超常洞察力——其产品的发展，基本上都能适应市场需求；还有超诚信的产品品质和经商原则——否则"瞒得过一时，怎能瞒得过一世"，早就会被市场无情地抛弃……这样的品质，到现在已成为中一药业产品和品牌在市场中游刃有余的竞争利器。

由 46 家老字号药业汇聚而成的企业——这几乎达到中国企业合并之最，如何整合，如何在整合之后发展，包容和兼容并蓄是最为重要的，否则仅仅是员工行为方式分裂足以致企业于死地，谈何发展？事实上，这也是中一药业有着敦厚、平和企业气质的重要原因之一，不论是对员工，还是对合作伙伴。

中一药业的另一种企业文化，是其作为岭南地区中药企业的一个鲜明特征——广东得改革开放风气之先，敢试敢闯，敢作敢当。这也是近 30 年以来，中一药业为何能在众多老字号企业中成功突围，实现平庸到杰出的主要原因。

当然，中一药业还有一种最具特色的企业文化，就是抓住核心，脚踏实地，不事张扬。中一药业是"南药"的一个重要代表，但是从不大声喧哗，只顾埋头实事——科技及管理创新。事实上，综观中一药业与同仁堂等国内其他老字号企业，其核心竞争力正是要狠下工夫的科技研究与创新，这往往会让企业在一段时间内默默无闻。但辛劳最终会有回报，中一药业从独家产品中一牌消渴丸问世，到二次研发、进入国家"863 计划"等等，无不如此……最终，中一药业在市场竞争中成为赢家。

第六章
人　物　传　记

本章看点：

●从改革开放前一家再普通不过的地方老字号中药企业，到经过改革开放几十年发展，名震岭南甚至全国的中成药"名企"，从平庸到杰出，质量、营销、品牌也好，科技、管理、文化也罢，说到底这一切的中心都是人。在中一药业发展和跨越背后，正是立着这样一个个让中一人，甚至让全国中药人都始终铭记的人。他们是管理者、革新者，他们是发明人、科研人，在他们身上，不仅能看到中一药业崛起时那一次次决策的远见和智慧，也能看到一家中药企业坚持品质和创新的艰辛和执著，正是他们的无私奉献，点燃了中一药业的辉煌。

第一节　中一舵手——郑尧新

郑尧新，1934 年 6 月出生于广州。1961 年 8 月起至 1999 年底止，历任星群药厂生产计划负责人、生产技术副厂长，羊城药厂厂长兼书记，中药一厂副厂长兼研究所所长、厂长等职务。1981 年获制药工程师职称，1989 年获高级制药工程师职称。

12 岁的郑尧新迫于生计在广州沙面大街的"办馆"（类似洋人的超市）当童工，虽然不能继续读书，但从未放弃学习，坚持自学。他通过自学英语，掌握了较强的听、说、读、写、译能力，可用英语流利地与人交谈。1950 年受雇为明华药房店员，1952 年随店转并广州新生药厂，1956 年公私合营后并入星群药厂。工作期间，他认真学习制药知识和技术，成为一名制药技术工人，因此也和制药行业结下了不解之缘。1957 年，他因为在全民整风运动中，写过批评厂内某些管理者的大字报以及赞成南斯拉夫工人委员会的言论，被批判走资本主义路线，险被打成"右派"。1966 年"文革"开始后，又险被当成"小邓拓"批判。但这些挫折并没有阻碍他在制药行业前进的脚步，他相信共产党永远是正确的。1969 年就任星群药厂副厂长期间，组织厂科技人员成立三结合科研小组，参与研制国务院按周总理指示下达的国家重点科研项目"脉通软胶囊"，并获成功。这在当时不但填补了国内医药制剂的空白，而且为国家节省了进口日本药品的外汇。1975 年 10 月，郑尧新被安排去了广州郊区的羊城制药厂（即现王老吉药业股份有限公司）任代厂长。由于当时交通不发达，他每天需要骑 70 分钟的自行车去上班，为准时，天未亮就出发。当时的羊城制药厂没有自己的品牌产品，是靠代人加工中药提炼来收取加工费，入不敷出，一年亏损30万元。这种现状激起了郑尧新改革的欲望，在他的带领下，羊城制药厂进行了大刀阔斧的改革——改变产品结构，开发出两个小蜜丸制剂，一是慢支紫红丸，另一是藿胆丸，依靠这两个产品，工厂效益渐渐好转。同时，他采取加强企业管理、建立科研小组、消除员工之间的矛盾、提高员工积极性等一系列措施，使该厂从1975年亏损30多万元，到1978年扭亏为盈。

1979年，也就是羊城制药厂扭亏为盈的第二年，郑尧新从羊城制药厂被调往当时广州最大的中成药制药厂中药一厂任副厂长。当时的中药一厂，虽然与广州的同类中药厂相比具有一定的规模，但企业经过反复的合并和变更，利润状况一直没有起色。厂房很破旧，没有自己独特的拳头产品，品种都是古方成药。将近1 000人的企业，年产值只有1 000万元，利润只有90万元，处在停滞不前的状态中。当时，郑尧新作为主管技术、设备、科研、外贸的副厂长，决心改变这种现状，搞新产品开发，搞技术革新，利用国家政策大力开展外贸业务。1980年，国家中医药管理局组织政府官员和国内中成药企业领导人士前往日本参观，学习日本中成药（汉方药）的制造经验，这也是国家中医药管理部门首次组织这样的考察活动，郑尧新作为中药一厂的代表参加了这次考察活动。

通过这次考察，郑尧新发现国内中成药与日本汉方药的发展存在的差距：目前国内中成药制剂中不少是浸膏与生药粉混合而成，如何提高制剂技术水平，一直没有得到很好的解决；中成药制剂如何既有效又可行地进行灭菌一直也没有解决好，灭菌技术研究多年，仅仅停留在理论上，跟不上生产发展和提高质量的形势等。如何既科学又可行地对中成药传统产品及新产品的成分进行定性和定量分析，使我国中成药质量标准为世界各国所承认。

正是基于以上的种种认识，郑尧新倍感国内中成药在研发和工艺技术研究上的短缺，也体会到了科研创新的紧迫性。回国后，他提议成立中药一厂研究所，自己兼任研究所所长，学习日本经验，将研究所放在支撑企业科技创新的核心位置，为企业提供发展动力，在技术创新上，走出一条新路来。

1981年厂研究所成立，郑尧新兼研究所所长。中药一厂不但依靠企业自己的研究人员搞创新，还主动与各大医学院校和医药研究所以紧密合作的方式，取长补短，借力用力。1981～1985年，中药一厂研发出10多个新药品种，一举改变了中药一厂多年单靠古方成药维生的局面。至1985年，中药一厂已经拥有了包括消渴丸、滋肾育胎丸、乌蛇止痒丸、白蚀丸、心可宁胶囊、益肝颗粒、降气定喘丸、胃乃安胶囊、金佛止痛丸、鼻咽灵片等品种。这在当时的中成药业界，是一个不可多得的成就。时至今日，消渴丸已经发展为中一药业的支柱产品。

1985年之后，国有企业体制改革进一步深化，中药一厂实行厂长负责制，开始突出企业负责人在经营管理中的领导作用，郑尧新担任厂长，在其带领下，中药一厂得到快速的发展。中药一厂传承保滋堂"为民造好药，做有责任心的药企"的经营理念，生产的中一牌消渴丸、滋肾育胎丸、胃乃安胶囊等一系列好药为中药一厂获得了巨大的声誉。中药一厂开始跻身国内一流中成药企业行列。

郑尧新在英语和制药工艺技术方面已有颇深造诣，更重要的是他擅长管理。早在 1981 年，他就自己翻译了联合国的 GMP 管理，组织厂里有关人员学习，其时，国家还没有提倡 GMP 认证，在国内的制药企业中，中药一厂算是比较早就接触到先进的制药管理理念的企业之一。他倡导"同心、开拓、求实、高效"的企业精神，对企业生产实行全面技术改造，对企业经营实行全面科学管理，使销售总额和效益逐年提高。

郑尧新早就认识到 GMP 的重要性，便大刀阔斧地对旧厂房、旧工艺、旧设备分期进行彻底改造，并引进大批先进生产装备，使颗粒造粒、胶囊剂填充、制剂包装全过程实现机械化、自动化生产；对软件管理，如 QC、TQC、工艺、设备等各方面，亦同步加强和健全管理程序。中药一厂于 1998 年顺利通过了 GMP 认证，成为第一批通过 GMP 认证的药厂。

郑尧新拥有超前的管理理念和超强的领导魅力，甚至超越了他所处的时代，一切都走在了同行的前面。考察、了解和学习国外的先进制药设备、生产工艺，进而提高企业的设备和工艺的水平；注重科学管理与人文管理，推行制度化管理、分权管理，坚持"大权独揽，小权分散；党委决定，各方去办；办也有决，不离原则；工作检查，党委有责"的领导原则，在中药一厂管理制度范围内，充分信任下属，从不干预下属工作，以提高其工作积极性，增强了企业的凝聚力，可以说是一呼百应；注重人才的使用与培养，使员工与企业共同发展、进步；拥有良好的公共关系，讲究"双赢和合作"。当年，这些管理词汇还少为人知，但郑尧新已经做到了。他大公无私，凡事皆为企业和员工考虑，与员工同甘共苦，实行企业领导人年薪制之后，中药一厂每年完成上级安排的预增任务之后，上级会给他奖励，他均按比例 10% 奖励给中层干部，3% 奖励给职工，这就是他的人格魅力。

1979～1999 年，无论对中药一厂还是对郑尧新来说，这20 年都是一段不平凡的历程：1988 年，在郑尧新的带领下，企业自筹资金，把原来厂房陈旧，设备落后的中药一厂改造成中南六省医药系统第一家国家二级企业、国家一级计量企业、国家一级节能企业、全国 500 家最佳经济效益工业企业之一，1991 年获国家质量管理奖。1990 年创利润 1 002 万元，之后连续 7 年成为广州市超千万元利润大户。1997 年广州药业在香港上市当年，中药一厂经营和效益已走在广州中成药行业的前列。

郑尧新也获得了诸多荣誉：1985 年被评为广州市自学成才标兵。1987 年被评为广东省自学成才标兵。1991 年被评为广州市民主管理先进个人。1993 年被评为广州市文明市民标兵。1994 年被评为广东省、广州市劳动模范。1995 年光荣地当选为全国劳动模范。1996 年中药一厂荣获全国五一劳动奖状、全国质量效益型先进企业、全国设备管理先进单位 3 项殊荣。1997 年 3 月，经国家经贸委、计委、统计局、财政部、人事部、劳动部审查，批准中药一厂为大二型工业企业。

郑尧新所走过的光荣之路，事迹与荣誉见证了这位优秀的企业家的成长历程，在中国改革开放的 20 世纪 80～90 年代，他是中一领路人，是中一的奠基人之一，他为后来的中一药业的发展壮大奠定了坚实的基础，中一舵手他当之无愧。

第二节　消渴丸主要发明人——邹章

提起中一药业，第一反应是消渴丸，而提起消渴丸，首先想到的就是消渴丸的发明人——邹章。有人说邹章认药材和炮制药材的功夫很是厉害；有人说邹章不为名不为利；有人说邹章平易近人，待人诚恳……

邹章是中药一厂技术科原科长。

邹章同志出身于贫苦的家庭，只念了几年书，中途辍学到马百良药厂做药工。辍学没能阻止他对知识的渴求。好学的他找来了初中的课本，利用工余时间自修文化课，走上了自学的道路。每天在药厂劳作了一天后，回到宿舍仍不知疲倦地挑灯夜读，有时，累得睁不开眼睛，用冷水洗脸来提神后继续学习。凭着顽强的毅力和求学的劲头，自学完初中的全部课程，为后来在中医药学方面的自学和研究打下了基础。

在药厂工作期间，他逐渐对我国悠久的中医药历史产生了浓厚的兴趣，同时也为如何继承和发扬几千年的中医药事业而担忧。他为自己确定了一个奋斗目标——振兴中药事业，造福社会。但他也深知：工欲善其事，必先利其器。要继承和发展中药事业，必须具备丰富、扎实的专业知识才行。他便几十年如一日，以顽强的意志自学了一批中药理论书籍，先后研读了《中医药学》、《方剂学》、《中医内科学》、《金匮要略》、《温病条辨》、《濒湖脉学》等中医中药经典著作。这6本书是中医中药的古文读本，晦涩难懂，但是他都能一一克服。在学习中，他还选择了《中成药研究》、《新中医》、《中药材》、《中草药》等刊物作为参考书。为了加深对一些理论的理解，他四处求师，几乎访遍了广州地区的著名老中医，并且得到黎汝铭老中医的指导。经常与广州地区著名老中医保持联系，认真学习他们的经验，收集和研究他们的成功验方。在学习和研究的过程中，他收集了许多非常有效的验方，但缺乏文字记载，若不加以整理，将会使祖祖辈辈留传下来的古方失传，给中药事业造成重大损失。

然而，自学之路并不平坦，他经历了许许多多的曲折和困难，但他始终把"书山有路勤为径，学海无涯苦作舟"作为自己的座右铭。他在苦读中不断克服自己的弱点，以增大阅读量来提高文化修养及阅读古文能力。对于意志坚强的人来说，来自自身的困难容易克服，而来自外界的压力却让人难以摆脱，正当他满腔热情投入学习时，他莫名其妙地被扣上了走"白专"道路的帽子，受到公开批判。1957年，"整风运动"中还被打成"右派"，改革开放后才得以平反。但是，这丝毫没有影响他读书的热情，他仍然坚信读书没有错。当他在外面刚刚接受完"教育"或写完检查后，回到家里他又拿起书本如饥似渴地读起来。在长期的自学过程中，他都是在极其艰苦的环境里学习的。他的居住条件很差，斗大房间，子女众多，把房间挤得满满的，他每天晚上只好坐在床上看书学习。偶然间他读到了老一辈革命家谢觉哉的一首诗："文园病渴几经年，久旱求泉竟及泉。辟谷尝参都试过，一丸到手不妨千。"这首题为《住北戴河杂诗》四首之三，谢觉哉自注的全文是："糖尿病旧称消渴病。我病消渴有年，喝水多，小便也多；夜间睡醒，口干欲裂。有时肚子是饱的，但仍要吃，不吃就头昏眼花。西医要我限制吃米麦，每顿只能2两（100克）左右，中医要我睡时含参片，可免口渴，但收效都不大。偶于叶天士手集秘方中得一方名玉泉散：白粉葛3钱，天花粉3钱，麦冬3钱，生地黄3钱，五味子1钱，甘草1钱，糯米3钱（分量是北京医院中医科医生定的）。服之，病若失。谚云：'吃药一千，遇药一丸'，其然乎！"

所读到的这些史料，给了邹章灵感和知识。在广东省人民医院原内分泌科主任崔炎棠提出的中西药结合治疗糖尿病思想的启发下，在吸收了玉泉散和消渴方两剂古方的基础上，邹章根据糖尿病人有"三多一消"症状，即多饮、多食、多尿、消瘦的特点，有针对性地进行药物筛选，选择了黄芪、天花粉、葛根、山药等辅料，组成了"消渴方"。为了加强其降糖效果，翻阅了国外有关降糖药物资料，在崔炎棠主任的合作下，加入了1966年在国外研制成功的化学药物格列本脲，经过多番试验，终于制成了中西药结合的治疗糖尿病的新药——消渴丸。经广东省人民医院、中山医科大学第一附属医院、广州市第二人民医院临床验证200例，疗效达80%以上，并于1981年开始投放市场。这是中国口服糖尿病药物的一次自主创新。在消渴丸的研制过程中，他废寝忘食，带领技术人员一心一意搞科研，妻子生病，他都顾不上。他就是这样勤勤恳恳、脚踏实地地献出自己的全部光和热，把毕生精力都献给了医药事业，就像平凡的铺路石默默地贡献。

1992年消渴丸主要发明者邹章获10 000元奖励

他为中药事业的献身和不屈不挠的精神，永远值得我们学习，"邹章"这个名字永远值得我们怀念。

第三节　历任厂长、董事长

1. 1966～1968 年：厂长黎祯。
2. 1968～1979 年：革委会主任欧阳明。
3. 1979～1985 年：厂长关炘。
4. 1985～1999 年：厂长郑尧新。

详细内容见本章第一节。

5. 1999～2006 年：厂长（董事长）麦奇杰。

麦奇杰任职中药一厂厂长前，已担任该厂副厂长 14 年。他承前启后，博采众长，将企业管理逐步推向规范化。2001 年，广州中药一厂吸收、合并广州众胜药厂，优化资源配置，完善产品结构；2002 年改制为广州中一药业有限公司。随后成立经管部规范企业营运，制定了《企业法律风险防控机制工作方案》，进行工程审计、采购审计、监察审计、营销审计，确保每项工作都有法可依。为了提升企业管理水平，提高工作效率，引入信息化管理手段，2001 年下半年实施 OA 系统，成为广药集团内部第一家实行办公自动化系统的企业。2003 年提出"打造全国治疗糖尿病药品生产基地和华南地区消化道药品生产基地"的战略目标。2004 年开始独家协办卫生部和中华医学会联合主办的健康新长征活动，向广大基层患者普及糖尿病防治知识，倡导健康的生活方式。麦奇杰注重培养年轻中层干部，引入竞争机制，提拔专业人才，公开招收车间技术副主任、市场销售人员和产品助理等岗位，选拔懂技术、会管理的人才充实到企业中层管理队伍中，调动

中一之路

了员工的积极性，使公司管理队伍年轻化。为了加快中一药业的现代化发展步伐，选址广州市萝岗区云埔工业区进行 12 万米^2 的 GMP 易地改造。该项目列入国家经济贸易委员会国家发展计划委员会第七批国债专项资金项目，一期工程的建设用了 1 年零 4 个月的时间，完成二、三、四车间，科研化验楼，工程楼，饭堂/医疗室/倒班宿舍综合大楼，危险品库，污水处理等 8 个单体，更新改造主要设备 169 台（套），引进了荷兰进口塑瓶计数入瓶内包装生产线、德国进口乌尔曼塑瓶入盒外包装生产线等国外先进设备，竣工面积 39 770 米^2，2004 年 12 月通过 GMP 认证现场检查，对中一药业打造全国糖尿病药品及华南地区消化道药品生产基地在硬件上起着保证作用。

6. 2006 年 2 月至 2006 年 5 月：董事长谢彬。

谢彬在担任广州药业总经理、广州市药材公司董事长期间，兼任中一药业董事长。在中一药业短短 3 个月时间里，深入开展了讲危机、讲节约、讲效率的"三讲"活动。他要求员工树立居安思危的观念，培养艰苦奋斗、创新思维、团结一致、同舟共济的意识，在危险中寻找机会；他要求员工树立成本观念，建立市场意识，向成本要效益，从企业运营成本中寻找突破口；他要求员工树立时间观念，增强紧迫感，以服务企业、服务大局为重，加强协调、沟通、交流，加强快速反应的能力，提高有效决策的机制。通过加强对各环节成本费用的管理和控制，多次压缩、调整各部门的费用预算，同时制定费用节约奖励办法，公司在 2006 年开展各类开源节流、节能增效活动，节约 900 多万元。为进一步提高工作效率，激励员工的工作热情，2006 年 3 月在原有考核方案的基础上进一步制定了《中层管理人员绩效考核及末位淘汰方案》，各部门明确工作重点，层层分解把任务落实到个人，及时跟踪各项工作进展情况，对工作开展的计划性和有序性起到了促进作用，加强了部门的日常管理，实现劳动工资管理向人力资源管理的转变。开展"三讲"活动后，全体员工积极转变思想观念，逐步增强危机意识，大胆创新工作方式，不断提高工作效率，取得了较好的成绩，为"十一五"期间公司的快速发展夯实了基础，提供了保障。

7. 2006年5月至2008年6月：董事长许健。

许健作为广州中一药业有限公司党委书记、董事长，重视科研创新及质量体系建设，推动公司生产经营建设稳定发展，2007年完成销售额8.8亿元，创出了历史新高。2006年10月，以产品开发部为主体成立"中一"糖尿病药物研究工作室，次年8月通过广州市科技局论证，升级为广州市中一糖尿病药物工程技术研究开发中心，成为全国首个政府认可的糖尿病药物研究开发中心。中心开展了治疗糖尿病并发症药物和消化道系统用药的选题工作，与北京大学糖尿病中心共同开展国家"863计划"重大项目"基于分子分型和药物遗传学基础上的消渴丸个体治疗研究"。主导产品消渴丸获得国家发明专利保护，为中一药业的长期发展奠定了坚实的基础。在质量体系建设方面，中一药业取得了一定成绩，被列为第一批实施广东省药品生产质量受权人制度试点企业，成为广东省首家获全国医药行业药品质量诚信建设示范企业称号的药品生产企业；作为广东省进行全国产品质量和食品安全专项整治工作的现场迎检单位，质量管理工作得到了国家药监局局长邵明立，国家工商行政管理总局局长周伯华，广东省副省长佟星，广东省委常委、广州市委书记、广州市人大常委会主任朱小丹等领导的充分肯定。为了早日实现公司一体化生产运作的目标，2007 年 6 月云埔新厂区中药生产现代化 GMP 二期工程建设技术改造项目奠基。新建一车间、综合仓库、营销管理大楼 3 个建筑单体，总建筑面积 3.4 万米^2，引进国外的自动化包装生产线，配置国内先进制丸、微波等联动生产设备，将消渴丸年设计生产能力从目前 3 200万瓶提升到 6 500 万瓶。为了强化员工的市场观念，2007 年 4月实施新工资方案，制定管理岗和业务（专业）岗的绩效考核办法，构建以岗位为核心的薪酬管理体系，使薪酬与营销达标率挂钩，有效地提高了员工的生产积极性。

8. 2008 年 6 月至今：董事长吴长海。

吴长海注重创新，坚持开拓科技营销的新模式。2008年，在金融海啸肆虐、宏观经济环境严峻的情况下，他积极转变营销思路，重组营销架构，对营销变革先行先试，实施消渴丸供应链价值重建，逐步掌握市场上的主动权。为了扩大企业在市场上的影响力，他组织策划各类具有广泛影响的营销事件，2008、2009 年连续两年斥巨资冠名"广药足球队"征战中超赛场，通过球衣广告和全国电视、报纸、电台及网络等载体全方位地推广企业品牌，产生了轰动效应及持久性的传播效应。在消渴丸、乳核散结片等重点品种在市场取得成功的同时，开展了循证医学临床、上市后再评价等深层次的研究，以科研促进营销。2008 年 6 月，在环境保护部、国家食品药品监督管理局的大力支持下，公司在全国率先推出药品包装环保回收机制，树立中成药企业绿色营销新模式，提高了企业的社会影响力和美誉度。2008 年，公司再次通过高新技术企业的认定，消渴丸、乳核散结片、胃乃安胶囊通过高新技术产品认定，障眼明片、乳核散结片、紫地宁血散、金佛止痛丸、乌蛇止痒丸等品种及消渴丸联动生产线等多项专利发明获得授权，有效保护企业核心技术和产品。2008 年 10 月底，云埔二期工程项目的一车间和综合仓库经过 1 年零 4 个月的建设，通过 GMP 现场认证，一车间全面采用消渴丸机械化联动生产线。同时原一、四车间和仓库完成了全部搬迁工作，顺利实现公司一体化生产运作的目标。在信息化建设方面，公司也加快了步伐，在原有的办公自动化（OA）系统、企业资源规划（ERP）系统的基础上，大力推行设备管理（EAM）系统、客户关系管理（CRM）系统、人力资源管理（eHR）系统、商业智能（BI）系统、制造执行（MES）系统等，更好地推进了企业的工作效率和管理水平。

第四节　历任厂（公司）领导班子

1. 1966 年 5 月至 1968 年 7 月

厂长：黎祯（1966 年 5 月至 1968 年 7 月）；

党总支部书记：熊方生（1966 年 5 月至 1967 年 6 月）；

副厂长：潘伍（1966 年 5 月至 1968 年 7 月）；

何苏（1966 年 5 月至 1967 年）；

欧阳明（1967 年 11 月任命）。

2. 1968 年 8 月至 1979 年 7 月

革委会主任：欧阳明（1968 年 8 月至 1979 年 7 月）；

党支部书记：欧阳明（1968 年 8 月至 1974 年 11 月）；

党总支书记：陈广洪（1974 年 12 月至 1979 年 5 月）；

革委会副主任：黎祯（1968 年 8 月至 1979 年 7 月）；

陈尧盛（1968 年 8 月至 1979 年 5 月）；

王海忠（1970 年 3 月至 1979 年 7 月）；

赵俭民（1975 年 9 月至 1979 年 7 月）；

邓兴泰（1975 年 9 月至 1979 年 7 月）；

郭牛（1975 年 9 月至 1979 年 7 月）；

李铿华（1975 年 9 月至 1979 年 7 月）。

3. 1979 年 7 月至 1985 年 7 月

厂长：关炘（1979 年 7 月至 1985 年 7 月）；

党委书记：马运来（1979 年 7 月至 1983 年 3 月）；

梁祥荣（1983 年 3 月接任）；

党委副书记：陈广洪（1979 年 7 月至 1983 年 3 月）；

谢丽珠（1979 年 7 月至 1983 年 3 月）；

副厂长：郑尧新（1979 年 7 月至 1985 年 7 月）；

欧阳明（1979 年 7 月至 1983 年 3 月）；

梁金开（1979 年 7 月至 1983 年 3 月）；

王海忠（1979 年 7 月至 1983 年 3 月）；

李添（1979 年 7 月至 1983 年 3 月）；

林刚（1983 年 5 月任职）；

工会主席：梁金开（1979 年 12 月至 1983 年 3 月）；

陈广洪（1983 年 3 月至 1985 年 8 月）。

4. 1985 年 7 月至 1999 年 7 月

厂长：郑尧新（1985 年 7 月至 1999 年 7 月）；

党委书记：梁祥荣（1985 年 7 月至 1998 年 5 月）；

郭洁玲（1998 年 5 月任职）；

党委副书记：黄兆源（1997 年 7 月至 1998 年 6 月）；

副厂长：麦奇杰（1985 年 7 月至 1999 年 7 月）；

冯帆生（1987 年 1 月任职）；

黄兆源（1998 年 6 月至 1999 年 7 月）；

黄东富（1985 年 7 月至 1986 年 11 月）；

林刚（1985 年 7 月至 1986 年 2 月）；

工会主席：陈占元（1985年8月至1989年2月）；

何舒华（1989年2月至1993年1月）。

5. 1999年7月至2006年2月

厂长：麦奇杰（1999年7月至2001年12月）；

董事长、总经理：麦奇杰（2001年12月至2006年2月）；

党委书记：郭洁玲（1998年5月至2005年11月）；

许健（2005年11月任命）；

副厂长：冯帆生（1987年1月至2001年12月）；

黄兆源（1998年6月至2001年12月）；

陈桂华（1999年8月至2001年12月）；

副总经理：郭洁玲（2001年12月至2006年2月）；

冯帆生（2001年12月至2004年3月）；

黄兆源（2001年12月任命）；

陈桂华（2001年12月至2004年3月）；

许健（2004年3月至2006年1月）；

吴长海（2005年11月任命）；

工会主席：黄兆源（1999年8月至2002年8月）

6. 2006年2月至2006年5月

董事长、总经理：谢彬（2006年2月至2006年5月）；

党委书记：许健（2005年11月任命）；

副总经理：黄兆源（2001年12月至2006年6月）；

吴长海（2005年11月任命）。

7. 2006年5月至2008年6月

董事长：许健（2006年5月至2008年6月）；

党委书记：许健（2005年11月任命）；

总经理：吴长海（2006年8月任命）；

党委副书记、纪委书记、工会主席：陈斌（2006年5月任命）；

　　副总经理：林锦河（2006年5月任命）；

　　　　　　姚江雄（2006年10月至2007年12月）；

　　　　　　黄翔（2007年7月任命）；

　　　　　　薛敏（2008年6月任命）；

　　总工程师：苏碧茹（2006年5月任命）。

　　8．2008年6月至今

　　董事长、总经理：吴长海（2008年6月任董事长）；

　　党委书记：许健（2005年11月至2008年10月）；

　　党委副书记、纪委书记、工会主席：陈斌（2006年5月至今）；

　　副总经理：林锦河（2006年5月至今）；

　　　　　　黄翔（2007年7月至今）；

　　　　　　薛敏（2008年6月至今）；

　　　　　　苏碧茹（2010年1月至今）；

　　总工程师：苏碧茹（2006年5月至2010年1月）。

关炘（1979~1985年任厂长）

郑尧新（1985～1999 年任厂长）

梁祥荣（1983 年 3 月至 1998 年 5 月任党委书记）

麦奇杰（1999～2002 任董事长、总经理）

郭洁玲（1998 年 5 月至 2005 年 11 月任党委书记）

谢彬（2006 年 2 ~ 5 月任董事长，现广药集团副总经理）

许健（2006 年 6 月至 2008 年 6 月任董事长）

吴长海（2008 年 6 月至今任董事长、总经理）

第七章
中一药业大事记

1. 1662 年，黄中璜药店创立，这是中一药业的起源企业之一，至今 300 多年。

2. 1669 年，保滋堂药店创立，在清代岭南民间药店中享有很高的声誉。在近现代中一药业的发展演变之中，始终以保滋堂为主体。

3. 1956 年，经过公私合营的合并，保滋堂联合 34 家药厂（店），组成保滋堂联合制药厂，开始规模化生产。

4. 1966 年，保滋堂联合制药厂改名为广州中药一厂。

5. 1979 年，中药一厂和广州中药四厂合并，命名为广州中药一厂，名称一直沿用至 2002 年。

6. 1980 年，中药一厂开始试行扩大企业经营自主权，实行科学的经营管理，经济效益明显提高。

7. 1980 年，中药一厂被列为全国 21 家重点中成药企业之一。

8. 1981 年，中药一厂在全行业中第一家成立了中药一厂研究所，建立了资料室、仪器室、药理室和中心化验室，初步形成了一个比较完整的新科技开发研制古方正药体系。

9. 1981 年，中药一厂研制成功糖尿病治疗药物消渴丸，并作为中西药结合制剂投放市场。

10．1983 年，消渴丸项目被广东省政府评为广东省 1982 年技术革新成果 3 等奖。

11．1985 年，中药一厂开始实行厂长负责制，企业经营和管理体制发生了重大的变化。

12．1986～1989 年，中药一厂进行第一次技改，对生产场所进行改造，并引入新的生产设备，提高生产效率。

13．1987 年，中药一厂实行第一轮承包，企业精神"同心、开拓、求实、高效"同年被提出来。

14．1988 年，中药一厂被评为中南六省第一家国家二级医药企业。

15．1989 年 9 月，中药一厂党委荣获广州第一家全国基层先进党组织的称号。

16．1989 年 12 月，中一镇海楼牌胃乃安胶囊被国家中医药管理局评为国家中医药管理局优质产品。

17．1990 年，中药一厂同香港客户开办了合资企业中富药业有限公司，产品出口港澳台及东南亚地区及国家。

18．1991 年，中一镇海楼牌胃乃安胶囊经国家质量奖审定委员会批准，荣获金质奖章。

19．1991 年，中药一厂获国家中医药管理局质量管理奖。

20．1992 年，中药一厂被列为广州市医药系统第二批综合改革经营单位。

21．1992 年 9 月，中药一厂经广东省经济委员会审核，批准为中型二档企业。

22．1993 年 4 月，中药一厂导入 CI 战略，是广州医药行业中最早实施 CI 战略的企业。

23．1994 年 4 月，便秘通口服液项目和消渴丸项目同时荣获 '94 雅加达中国医药卫生科技成就展览金奖。

24．1994 年 9 月，便秘通发明项目在第八届全国发明展览会上被中国发明协会授予金牌奖。

25．1995 年 3 月，中一牌便秘通在中国专利十年成就展上荣获金奖。

26．1995 年 5 月，中国中西医结合学会同意中一牌消渴丸作为糖尿病推荐用药。

27．1995 年 12 月，中一牌胃乃安胶囊经国家中医药管理局中国中药名牌产品专家审核委员会审核，被推荐为 1995 年中国中药名牌产品。

28．1995 年，中药一厂被国家中医药管理局、中国中药企业管理协会重新认定为第一届全国中药行业优秀企业。

29．1996 年，中药一厂为适应医药市场的大变革，将供销科改组为供销经理部。

30．1996 年 6 月，中药一厂在社会主义双文明建设中，成绩优异，荣获中华全国总工会颁发的五一劳动奖状证书。

31．1996 年 12 月，中药一厂被中华人民共和国国内贸易部认定为中华老字号。

32．1996 年 12 月，中药一厂荣获全国质量效益型先进企业（1995 年）称号。

33．1997 年，中药一厂、陈李济制药厂、潘高寿药业、王老吉药业等多家老字号企业联合成立广州药业股份有限公司，成为广州医药集团有限公司的二级子公司。

34．1997 年 12 月，中共广东省委、广东省人民政府授予中药一厂广东省文明单位称号。

35．1998 年，中药一厂在行业内率先通过了 GMP 认证。

36. 1999 年 11 月，广东省经济委员会、广东省科学技术委员会、广东省计划委员会认定中药一厂为广东省技术创新优势企业。

37. 2000 年，中药一厂开始第二次技改，进行企业的易地搬迁，在广州云埔经济开发区建立新工厂，进行第一期工程建设。

38. 2000 年，中药一厂以 300 万元的价格包下广州足球队的主场经营权，开始进行体育营销。

39. 2000 年 7 月，中药一厂微波干燥质量和效率 QC 小组被评为 2000 年度中国医药质量管理协会优秀质量管理小组。

40. 2000 年 8 月，中共广东省委、广东省政府授予中药一厂广东省先进集体称号。

41. 2001 年，中药一厂合并众胜药厂，资产规模进一步扩大。

42. 2001 年 2 月，广东省工商行政管理局授予中药一厂连续十年重合同守信用单位称号。

43. 2002 年，中药一厂进行改制，由企业管理层出资进行股份制改革，改制后，中药一厂的名称更改为广州中一药业有限公司。

44. 2002 年，中一药业被中国质量协会授予全国质量效益型先进企业（2001 年）称号。

45. 2002 年 9 月，根据市场用户评价，中一药业用户服务被中国质量协会、全国用户委员会评为 2002 年度全国用户满意服务企业。

46. 2002 年 10 月，中一药业被中国质量协会、中华全国总工会、共青团中央、中国科学技术协会评为全国质量管理小组活动优秀企业。

47．2002 年 12 月,《中一药业报》在第二届全国企业内部报纸评比中,荣获全国优秀企业报称号。

48．2003 年 1 月,国家工商行政管理总局授予中一药业全国守合同重信用企业称号。

49．2003 年,中国质量协会授予中一药业全国质量效益型先进企业（2002 年）称号。

50．2003 年 4 月,中一药业被人民日报社新闻信息中心列为全国诚信单位光荣榜上榜荣誉单位。

51．2003 年 12 月,经中华新闻工作者联合会、中国质量保证中心、中国产品安全评价监测中心共同调查统计,中一药业中一牌系列产品荣膺同行业中国市场医药产品十佳畅销品牌。

52．2004 年,中一药业开始实施打造糖尿病药品生产基地和华南地区消化道药品生产基地。

53．2004 年 5 月,根据市场用户评价,中一药业被中国质量协会、全国用户委员会评定为 2004 年度全国用户贸易企业。

54．2004 年 10 月,中一药业全程独家协办了卫生部和中华医学会联合主办的健康新长征活动,前后历时近 3 年。

55．2004 年,中一药业与内蒙古自治区乌兰察布市医药总公司共建的乌兰察布市中一黄芪技术开发有限责任公司通过了国家食品药品监督管理局组织的 GAP 认证现场检查。

56．2004 年 8 月,经审核,国家食品药品监督管理局信息中心推荐中一药业为食品药品监督质量信誉名优（品牌）企业。

57．2004 年 12 月,云埔厂区一期工程进入试产验收阶段,顺利通过 GMP 认证现场检查。

58．2004 年,中国质量协会授予中一药业全国质量效益型先进企业（2003年）称号。

59．2004年12月，由于2001~2003年连续3年被评为全国质量效益型先进企业，中一药业被中国质量协会特别授予全国质量效益型先进企业特别奖。

60．2005年6月，中一药业向广东省红十字会捐赠价值50.08万元的药品，用于社会公益事业。

61．2005年6月，中一药业被中国医药质量管理协会评为2005年度中国医药行业质量管理小组活动优秀企业。

62．2005年6月，中一药业生产的中一牌消渴丸、胃乃安胶囊、乳核散结片、障眼明片、加味藿香正气丸、腹可安片被中国保护消费者基金会推介为消费者喜爱的知名品牌产品。

63．2005年8月，中一药业被授予2004年度广东省十大管理创新企业称号。

64．2005年8月，中一药业荣获《中国信用年鉴》（首卷）全国百家诚信经营示范企业称号。

65．2006年2月，经广东省诚信示范企业评审委员会评审通过，中一药业被广东省企业联合会、广东省企业家协会评为2005年度广东省诚信示范企业。

66．2006年7月，中一药业荣获2005年度广东省科技创新优秀企业称号。

67．2006年8月，中一药业被中国设备管理协会授予第七届全国设备管理优秀单位称号。

68．2006年9月，中一药业被中国质量协会、全国用户委员会评为2006年度全国用户满意企业。

69．2006年10月，中一药业成立了全国第一家糖尿病药物研究工作室。

70. 2006 年，中一药业通过了澳大利亚的 TGA 认证。

71. 2006 年，中一药业开始打破一品独大的现象，逐步培养了胃乃安胶囊等数个核心产品。当年实现销售额 76 269.43 万元，发展速度呈 5 年来的最高水平。

72. 2006 年，中一牌消渴丸指纹图谱研究项目通过与广州分析测试中心以及广州中医药大学新药开发研究中心合作，获得了重大突破。

73. 2007 年，"中一"糖尿病药物研究工作室通过广州市工程技术研究开发中心的专家评审，正式升级为广州市中一糖尿病药物工程技术研究开发中心。

74. 2007 年 3 月，中一药业被评为广东省医药生产经营诚信示范单位。

75. 2007 年 3 月，中一药业启动消渴丸分子分型与个体化诊疗"863 计划"项目研究。

76. 2007 年 7 月，中国企业联合会授予中一药业 AAA 级中国企业信用安全评价证书。

77. 2007 年 10 月，中一药业消渴丸获得治疗糖尿病的药物组合物及制备方法、消渴丸质量控制方法国家发明专利。

78. 2007 年，消渴丸的年销售额达到 6.2 亿元（不含税），成为国内用量最大的口服糖尿病药物。

79. 2007 年 10 月，中一药业被正式选入中国企业数据库——中国优秀企业：（编号：YXQY070057）；中一牌产品被正式选入中国企业数据库——中国名优产品：（编号：MYCP07006）。

80. 2007 年 11 月，中一药业荣誉当选为 2007 年度（第三届）消费者信赖的中国十大药业质量品牌和中国质量 500 强。

81. 2007 年 12 月，广东省科学技术厅认定中一药业为高新技术企业（编号：0744001B0452）。

82. 2007 年 12 月，中一药业被评为第五届全国诚信企业光荣榜上榜荣誉单位。

83. 2008 年 1 月，广州市人民政府知识产权办公会议办公室发文认定中一药业等 95 家企业入选广州市进出口优势企业知识产权工作推进计划首批试点企业。

84. 2008 年 3 月，中一药业荣获广东省创建学习型企业先进单位奖。

85. 2008 年 5 月，中一药业向广东省红十字会捐赠药品价值 45 万元整，用于援助四川省汶川地震灾区。

86. 2008 年 7 月，中一药业经中国医药质量管理协会综合考核评定，被授予全国医药行业药品质量诚信示范企业称号。

87. 2008 年 11 月，中一药业再度荣誉当选为 2008 年度（第三届）消费者信赖的中国十大药业质量品牌和中国质量 500 强。

88. 2008 年 12 月，中一药业在全国实施用户满意工程活动中成绩突出，根据市场用户评价，被中国质量协会、全国用户委员会评为用户满意企业。

89. 2008 年 12 月，广东省质量协会授予中一药业改革开放三十年，广东省质协以质取胜企业称号。

90. 2008 年 12 月，广东省科学技术厅、广东省财政厅、广东省国家税务局、广东省地方税务局同时批准中一药业为高新技术企业，证书编号：GR200844000618。

91. 2008 年，中一药业云埔厂区第二期工程竣工，实现生产、办公一体化。